성광웅 여행기

하늘에 길을 묻다

― 남부유럽 역사문화예술 기행 중심 ―

도서출판 명성서림

하늘에 길을 묻다

2020년 5월 20일 제 1판 인쇄 발행

지 은 이 | 성광웅
펴 낸 이 | 박종래
펴 낸 곳 | 도서출판 명성서림

등록번호 | 301-2014-013
주　　소 | 서울특별시 중구 삼일대로8길 17 3,4층(충무로2가)
전　　화 | 010-5313-6300(저자) / 02) 2277-2800
팩　　스 | 02)2277-8945
이 메 일 | ycbnstrd@naver.com(저자) / ms8944@chol.com

ⓒ2020 성광웅
값 15,000원

ISBN 979-11-89678-25-8

※ 잘못 만들어진 책은 바꿔드립니다.
　 이 책 내용의 일부 또는 전부를 재사용하려면
　 반드시 저작권자의 동의를 얻어야 합니다.

바티칸 교황청 성 베드로 대 광장

♣ 프롤로그

　세계는 코로나19 창궐 확산으로 몸살을 앓고 있다. 지난해 연말 중국 무한에서 신종 코로나19 감염증이 확산한 이래 시간이 경과되면서 수그러들어야 하나 현재 상황에서 계속 전 세계로 번지고 있다.
　코로나19 사태가 6개월 이상 지속하면 산업기반 자체가 송두리째 무너지고 실업자가 양산되기 때문에 어느 나라고 간에 버티어 나기가 힘들다. 이 엄중한 상황에서 국민의 삶 유지와 지속적인 산업 활동이 가능토록 국가재정과 금융 지원으로 경제 위기를 극복하려 노력하고 있다. 끝이 안 보이는 세계적인 대 재앙, 코로나19 팬데믹 위협에서 조속히 회복되어 일상생활로 돌아오기를 간절히 바란다.
　유럽의 여러 나라는 그 나라마다 특색 있는 문화와 예술, 그리고 역사적인 유적이 많이 있다.

특히 지중해 연안의 이탈리아는 고대 로마의 찬란한 문화, 예술과 수많은 유적을 보존하고 있어 세계인이 가장 가보고 싶어하는 제일 관광지이다.

더불어 이웃 국가인 오스트리아, 헝가리, 크로아티아, 슬로베니아는 수 세기 동안 유럽 강대국의 틈바구니에 끼어서 끈질기게 살아온 역사의 산증인이다. 그 나라의 고유한 전통, 문화예술을 둘러보는 좋은 기회를 얻게 되어 기쁘게 생각한다.

                                      2020년 04월 25일 서재에서

♣ 목차

Ⅰ. 머리말　　　　　　　　　　　　　　　　　　09

Ⅱ. 로마제국의 영광, 이탈리아　　　　　　　　10
(Italian Republic)

1. 역사적 배경　　　　　　　　　　　　　　　12
2. 자연환경과 산업발달　　　　　　　　　　　17
3. 근대화의 역사적인 인물　　　　　　　　　　20
4. 자연의 대재앙 베스비오(Vesuvio) 화산폭발　23
5. 절벽의 도시, 쏘렌토(Sorento)　　　　　　　32
6. 천혜의 관광지 카프리 섬(Capri)　　　　　　37
7. 세계 3대 미항, 나폴리(Napoli)　　　　　　　45
8. 문화예술의 도시, 피렌체(Firenze)　　　　　49
9. 신전 판테온(Pantheon)　　　　　　　　　　55
10. 영화 배경의 트레비 분수(Fontana de Trevi)　59
11. 검투사 투기장, 콜로세움(Colosseam)　　　65
12. 성스러운 바티칸 교황청(Vatican)　　　　　68
13. 유명한 피사의 사탑(Leaning Tower of Pisa)　72
14. 섬유패션의 중심도시, 밀라노(Milano)　　　75
15. 인공 수중도시 베네치아(Venezia)　　　　　79
16. 로마에 가면 로마법을 따르라!　　　　　　93

목 차 ♣

Ⅲ. 중세 유럽의 영광, 오스트리아(Republic of Austria) 102

  1. 역사적 배경   103
  2. 자연환경과 산업발달   107
  3. 근대화의 역사적인 인물   110
  4. 유서 깊은 도시 잘츠부르크(Salzburg)   112
  5. 천혜의 경관, 호수도시 찰즈 캄머굿(Salzkammergut)   118
  6. 지상낙원 할슈타트(Hallstaff)   126
  7. 전형적인 농촌마을   130
  8. 중세 역사의 산실, 수도원 멜크(Melk)   132
  9. 문화예술의 도시 비엔나(Vienna)   134
  10. 제국의 빛나는 궁전들   141
  11. 아름다운 벨베데레(Belvedere) 궁전   145
  12. 세계를 빛낸 천재 음아가들   153

Ⅳ. 중앙아시아 유목민이 세운 헝가리   157
    (Republic of Hungary)

  1. 역사적 배경   158
  2. 자연환경과 산업발달   161
  3. 근대화의 역사적인 인물   164
  4. 동유럽의 파리, 부다페스트(Budapest)   165
  5. 새로운 문화의 산실, 신시가지 페스트(Pest)   170
  6. 전설의 언덕, 겔러르트(Gellerthogy)   175
  7. 산업과 학문이 발달한 헝가리   178
  8. 천혜의 휴양지 발라톤(Balaton)   182

♣ 목차

V. 아기자기한 나라, 크로아티아(Republic of Croatia)   184

   1. 역사적 배경   185
   2. 자연환경과 산업발달   188
   3. 근대화의 역사적인 인물   190
   4. 자그레브(Zagreb)의 풍경   191
   5. 아드리아 해의 진주 두브로브니크(Dubrovnik)   192
   6. 옥색 물결이 숨 쉬는 플리트비체   195
   7. 푸르른 파도가 넘실대는 아드리아 해   202

VI. 정감이 넘치는 슬로베니아(Republic of Solvenia)   206

   1. 역사적 배경   207
   2. 자연환경과 산업발달   210
   3. 근대화의 역사적인 인물   212
   4. 사랑스러운 도시, 류블랴나(Ljubljana)   213
   5. 신이 조각한 천연동굴 포스트이나(Postojna)   215
   6. 천하제일의 명소, 블레드(Bled) 호수   219
   7. 아름다운 풍광이 깃든 알프스 산맥(Alps)   227
   8. 세계의 관문, 비엔나(Vienna) 국제공항   231

VII. 에필로그   236

Ⅰ. 머리말

　유럽의 여러 나라는 그 나라마다 특색 있는 문화와 예술, 고적이 많지만 이탈리아의 고대 로마 역사와 유적을 빼놓을 수가 없다. 찬란한 고대 문명에서 화려한 르네상스의 예술 문화에 이르기까지 지속적인 번영을 누리며 세상에 전파했다. 근세에 들어 이탈리아는 세상을 아름답게 그리는 첨단 명품, 패션, 대중을 열광시키는 유명한 성악가의 배출과 축구, 각종 스포츠, 세계 가톨릭의 중심지 바티칸 교황청, 특유의 음식물 피자, 파스타와 지중해의 강렬한 태양은 세계인을 매료시킨다.

　또 중세기 유럽을 호령하던 강국인 오스트리아의 위상은 세월이 흐르며 역사의 뒤안길로 사라지고 근세 들어 영세중립국으로 전락했다. 중앙아시아 우랄산맥 사이 초지에서 살던 마자르 족은 위대한 영도자의 통솔 하에 서쪽으로 밀고 들어와 유럽의 요지를 차지한 헝가리의 찬란한 역사. 강대국의 틈새에서 살아남은 헝가리를 비롯한 크로아티아, 슬로베니아 등 약소국의 피눈물 나는 투쟁과 생존의 역사를 살펴보면서 그 나라의 고유한 전통, 문화예술을 연연히 보존하고 있는 실상을 돌아보는 값진 여행이었다.

II. 로마의 옛 영광, 이탈리아
(Italian Republic)

이탈리아 지도

 이탈리아는 유럽 대륙의 남부 지중해 중심부에 위치하고, 북서에서 남동으로 약 1,200 km에 걸쳐서 장화 모양을 한반도 국가이다. 전체 영토는 이탈리아 반도와 시칠리아·사르데냐 두 섬으로 구성되어 있다.
 북쪽은 알프스 산맥을 중심으로 프랑스·스위스·오스트리아와 경계를 이루며, 동쪽은 아드리아 해, 서쪽은 티레니아 해에 접해

있다.

이탈리아 반도는 발칸·이베리아 반도와 함께 남유럽의 3대 반도 중의 하나로서 동서 지중해 사이 연안에 있다. 다른 반도와는 달리 지중해 지역만의 특수성을 잘 보여주고 있다.

공식 명칭은 이탈리아공화국(Italian Republic)이다.

이탈리아의 면적은 301,340㎢(한반도의 약 1.5배)이고, 영토 규모 면에서 세계 72위에 든다. 인구는 약 6천만여 명이 살고 있다.

수도는 고대로부터 유구한 역사를 자랑하는 드시 로마(Rome)이다. 인구는 430만여 명이 살고 있다.

종족은 이탈리아인이며, 언어는 이탈리아어를 쓴다.

종교는 로마 가톨릭 90%, 정교회 2.3%, 이슬람교 2%를 점유하고 있는 가톨릭 국가이다.

정부 의회 형태는 공화제, 양원제이다. 국가 원수는 대통령이 대표하고 정부 수반은 총리가 맡고 있다.

위치는 유럽남부, 지중해 연안 이탈리아 반도이다.

화폐단위는 유로(Euro)화이다. 나라꽃은 데이지(Daisy)이다.

기후는 온화한 지중해성 기후이다.

유럽 12개국이 1985년 룩셈부르크 셴겐조약(Schengen Agree-ment)체결로 유럽 내 국경 통행 자유화 협약을 시행하고 있어 여러 나라에 편리하게 여행할 수가 있어 좋다.

국기는 녹색, 흰색, 빨강의 삼색기이다. 녹색은 희망, 흰색은 신뢰, 빨강은 사랑을 나타낸다. 1789년 프랑스 혁명 시 사용한 삼색기의 영향을 받아 1848년 제정되어 오늘에 이른다.

1. 역사적 배경

　이탈리아는 구석기시대부터 사람이 거주해왔다. 로마 건국의 전설에 의하면 늑대 젖을 먹고 자랐다고 하는 로물루스에 의해 기원전 753년 테베레 강변 근접에 팔라티노와 신성한 카피톨리노 언덕에서 로마가 건국되었다는 전설이 내려온다.
　로마제국의 중심지 포로 로마노(Foro Romano)는 고대 로마 시민의 생활중심지 공공 광장이다. 이곳은 팔라티노와 카피톨리노 언덕 사이 낮은 지대로 공화정 시대 공회당, 여러 신전, 원로원 건물이 자리 잡고 있는 번화한 공공 거리로 정치 중심지이었다.
　처음 도시국가로 출발한 로마는 전설적인 왕에 의해서 통치되었다. 로마는 문화가 더 발전한 에트루리아 계에 의해서 지배를 받았다. 기원전 509년경 로마는 시민 중에 능력과 인품을 갖춘 사람 중에서 지도자를 선출해 나라를 다스리는 공화정이 시작된다.
　공화정은 원로원에서 매년 선출하는 두 명의 집정관에 의해서 통치되었다. 이때 로마는 왕정 시대와는 달리 집정관에 의해 통치하는 정치체제였다. 정치의 중심세력으로서 집정관 선출과 통치 제도에서 서로 권력 다툼에 의한 분쟁과 갈등으로 국력이 극도로 쇠약해진다.
　설상가상으로 기원전 390년경에 켈트족의 침입으로 완전히 초토화된다. 전후 복구 혼란기의 로마는 정치제도를 쇄신하고 귀족과 평민 간의 갈등을 해소하는 차원에서 사회를 안정화시킨다. 그때 설상가상으로 남부의 산악 민족인 삼니움족과 전쟁을 치러 쓰라린 패배를 당한다. 그 이후 국력을 재건하고 강화해서 삼니움 제국을 정복한다. 전쟁을 통해서 터득한 전쟁기술을 활용해 남쪽 지방에 터전을 잡은 그리스 식민도시를 하나하나 정복해 이탈리아 반도 전체를 손아귀에 넣는다.

　기원전 146년경 이탈리아 반도 전체를 영토로 확보한 로마 제국은 눈을 바다로 돌린다. 당시 아프리카 북단 해상강국 카르타고와 지중해 주도권을 놓고 다투기 시작한다.

　제1차 포에니 전쟁(기원전 264년~241년)은 로마제국과 카르타고와 지중해 주도권 전쟁이다. 카르타고 한니발 장군은 대군을 이끌고 알프스 산맥을 넘어 이탈리아 중부지방으로 진격해 들어온다. 예상을 못 했던 로마는 무서운 기세로 진격해 들어오는 강력한 카르타고군을 맞아 사생결단의 처절한 전투가 벌어진다. 육지에서 최강 군으로 자처했던 로마군은 속절없이 무너져 내렸다. 이탈리아 중부지방 트레비아, 트라시메노 호수와 뒤이어 칸나에 평원에서 로마 정예군은 처참하게 참패를 당해 들판에 붉은 피로 물들인다. 그 전쟁에서 로마가 대패한다.

　제2차 포에니 전쟁(기원전 218년~201년)은 로마가 패한 설욕을 돼 갚기 위해서 다년간 전쟁 준비를 한다. 바다를 통해서 은밀히 이동해 카르타고와 지형적으로 가까운 스페인 남부지역으로 상륙한다. 로마군의 명장 스키피오 장군은 스페인 세비아(Sevilla)로 이동해 적정을 살피고 일전을 준비한다. 로마군은 기습작전으로 북아프리카 튀니지 카르타고 비르사 지역으로 진격해 들어간다. 3차에 걸친 로마군의 파상공격으로 카르타고군을 쾌 멸시 켜 전쟁에서 로마가 승리한다. 이 전쟁에서 승리한 로마는 단숨에 지중해의 강력한 지배자로 부상한다. 그 여세를 몰아 이집트, 그리스를 비롯한 동쪽 대륙도 서서히 정복해 나간다. 그 결과 지중해 연안은 로마의 앞바다가 된다.

이처럼 거대한 나라를 건설한 로마였지만, 권력자 간의 계속된 권력 암투로 공화정의 좋은 뜻이 날로 퇴색되어 쇠락의 길로 접어들고 있었다. 이때 정적을 모두 제거한 율리우스 카이사르(Julius Caesar, 기원전 100년~44년)는 왕과 다름없는 최고 권력자로 부상한다. 그는 로마의 정치체제를 공화정에서 황제가 통치하는 강력한 왕정체제로 기반을 조성한다.

원로원 공화정 시대에서 점차 정치활동 중심이 황제의 궁전으로 옮겨 가면서 포로 로마노 시대는 쇠퇴하기 시작한다. 그가 정적에 암살당한 후에 그의 양자 옥타비아누스는 다시 권력을 잡고 내분을 완전히 종식시킨다.

기원전 27년 옥타비아누스가 원로원으로부터 '아우구스투스(Augustus)' 칭호를 받은 다음부터 로마는 공화정이 막을 내리고 황제를 중심으로 하는 제국 시대가 본격적으로 열린다.

로마제국은 아우구스투스(기원전 27~기원후 14년) 황제에 의해 완전한 왕정체제의 기틀을 잡는다. 티베리우스 황제(14~37년), 칼리굴라 황제(37~41년), 클라우디우스 황제(41~54년), 네로 황제

(54~68년)를 거치면서 발전과 혼란을 거듭한다.

네로 황제가 몰락하고 난 다음 기사 계급 출신의 장군 베스파시아누스(69~79년)는 혼란한 정치, 사회를 수습하고 황제에 오른다. 그는 자신의 가문과 로마제국의 영광을 상징하는 거대한 원형극장 콜로세움을 세운다. 그의 장남 티투스(79~81년)와 차남 도미티아누스(81~96년)는 아버지로부터 황제 제위를 물려받는다.

차남 도미티아누스 황제가 정적에 암살당한 후에는 늙은 원로의원 네르바(96~98년)를 황제로 추대한다. 소위 '5현제 시대'가 열린다.

네르바 황제가 양자로 삼아 후계자로 발탁한 트라야누스 황제(98~117년)는 로마제국의 영토를 최대로 확장한 인물이다. 하드리아누스 황제(117~138년), 안토니누스 피우스 황제(138~161년) 시대에는 로마의 평화시대를 열어 사상 최고의 태평성대 번영기를 누린다.

뒤이어 철학자 황제 마르쿠스 아우렐리우스(161~180년) 시대부터는 게르만 민족을 비롯한 외적의 침입이 빈번해지면서 로마제국의 국운은 서서히 기울어지기 시작한다.

그 후 로마는 오랜 기간 동안 정치, 사회 혼란기에 접어든다. 한동안 기독교는 여러 차례 국가로부터 박해를 받는다. 이러한 박해는 디오클레티아누스 황제(284년~305년) 때 최고조에 달한다. 디오클레티아누스 사후 후계자 문제로 야기된 내란을 평정하고 로마제국의 제1인자로 등장한 콘스탄티누스 황제(305~337년)는 기독교 세력과 손잡고, 313년에는 밀라노 칙령을 통해 기독교를 공인

한다.

콘스탄티누스 개선문(Arco di Constantine)은 서기 312년 밀비인 다리 전투에서 승리를 기념하기 위해 세운 개선문이다. 높이 21m에 벽면에는 황제의 업적과 전투 장면을 묘사하고 있다. 당시 전쟁에서 이긴 장군과 병사들이 전승기념을 위해 군사 퍼레이드를 벌리며 포로 로마노 시가지의 개선문을 통과한다. 제국에 대한 애국심과 충성심을 보인 장군 휘하 장병은 보무도 당당히 행진하며 사기충천해 황제와 시민의 열렬한 승전 환영을 받았다고 전한다.

로마제국 멸망의 역사는 콘스탄티누스 황제가 330년에 제국의 수도를 비잔티움으로 옮김으로써 국력이 서서히 쇠락의 길로 접어든다. 그 후 로마제국은 동로마제국과 서로마제국으로 완전히 갈라서게 된다. 서로마제국은 1세기도 넘기지 못하고 476년 역사의 뒤안길로 사라진다. 그러나 동로마제국은 서로마제국이 멸망한 후에도 거의 1000년을 더 존속한다.

로마는 인류 역사상 가장 위대한 제국 중의 하나로 긴 역사를 자랑한다. 서로마제국은 1,200여 년간 이어졌고, 동로마제국은 2,200여 년이란 세계에서 가장 긴 역사를 지니고 있다.

로마제국이 무너짐과 동시에 교황과의 세력다툼으로 이탈리아 반도는 지방 영주 중심의 도시국가로 분열해 오래 지속한다. 16세기 신대륙 발견, 해외 무역과 상업의 발달로 피렌체를 중심으로 르네상스 시대가 열려 문화 예술의 꽃을 피운다.

16~18세기 이탈리아 영토는 프랑스, 신성로마제국, 스페인, 오스트리아에 의해서 돌아가며 지배를 받는다. 나폴레옹 군이 알프

스 산맥을 넘어 이탈리아를 침공해 지배를 받던 시기인 1815년에야 외국군대가 철수한다. 그 이후 이탈리아 반도는 여러 군소 독립국가로 분열된다.

구국의 영웅 주세페 가리발디 장군에 의해서 리소르지멘토(Risorgimento) 통일운동이 일어나 대부분의 영토를 통합하는 데 성공한다. 뒤이어 1861년까지 시칠리와 사르테냐를 통합하고, 1870년에 이르러서는 이탈리아 반도의 통일이 완성된다.

이탈리아는 제1차 세계대전 기간에 연합국으로 참전한다. 그러나 1920년대의 정치, 사회적 불안으로 베니토 무솔리니의 파시즘 정권을 낳는다. 그 이후 제2차 세계대전 시는 나치 독일의 동맹국이 된다. 1943년 이탈리아는 연합군에 패배하고, 1946년에 공화국으로 선포한다. 그 후 북대서양 조약기구(NATO)와 유럽 공동체(EU)의 창립 회원국이 된다.

2. 자연환경과 산업발달

지중해를 향해 뻗어 있는 장화 모양의 반도와 시칠리아 섬과 사르데냐 섬, 그밖에 수많은 작은 섬으로 이루어져 있다. 북쪽으로 프랑스·스위스·오스트리아·슬로베니아 등과 이웃하고 있다. 동쪽으로 아드리아 해를 사이에 두고 발칸 반도와, 남쪽으로는 지중해를 사이에 두고 북아프리카와 마주 보고 있다.

이탈리아 반도는 산지가 많아서 700m 이상의 고지대가 35%를 차지하며 구릉지가 42%, 나머지 23% 정도가 평지이다.

　북쪽 국경 지역의 알프스 산맥과 이탈리아 반도 전체와 시칠리아 섬의 골격을 이루는 아펜니노 산맥이 주요 산계를 이룬다. 반도의 서쪽 해안에 있는 사르데냐 섬과 프랑스령 코르시카 섬 역시 또 다른 산맥을 형성하고 있다. 알프스 산맥이 제노바만의 사보나 부근 카디오나 고개에서 시작해 아드리아 해의 트리에스테 북쪽까지 동서방향으로 길게 뻗어 있다. 서부 알프스, 중부 알프스, 동부 알프스의 세 지역으로 나뉜다.

　알프스 산맥의 영향을 받아 높은 산에는 만년설이 쌓이고 침식작용을 한다. 그래서 석회암과 화강암이 곳곳에 있다.

　포 강((Po River, 640km)은 몬 비소 산에서 발원하여 롬바르디아 평원의 지류와 합쳐지면서 규모가 커져 베네치아 남쪽으로 넓은 삼각주를 형성해 아드리아 해로 흐르며 이탈리아에서 가장 길다. 대부분의 다른 하천은 길이가 짧고 이오니아 해와 아드리아 해로 유입된다.

　두 번째로 긴 강인 아디제 강은 베로나를 거쳐 아드리아 해로 유입된다. 남부 하천은 겨울에 홍수를 이는 반면, 여름에는 갈수현상이 나타난다.

　이탈리아 반도에 1,500여 개의 호수가 있으나 고도가 높은 곳에 있어 규모가 작다. 그러나 비교적 큰 빙하호는 수력발전에 긴요하게 이용한다.

　온대지역에 속하지만, 반도가 남북으로 길게 뻗어 있어서 다양한 기후대가 나타난다.

최북단인 알프스 지역은 대륙성 산악 기후로 기온이 낮다. 동부지역은 강우량이 1,053㎜, 평균기온은 6.6℃이다. 서부지역은 각각 660㎜와 평균기온은 7.4℃를 나타낸다.

남부지역은 여름과 겨울의 평균기온이 각각 23℃와 0.3℃로 비교적 온화하다.

이탈리아의 주요 산업은 풍부하고 다양한 문화유산과 아름다운 자연경관을 기반으로 한 관광업과 서비스업이 발달해 있다. 서비스업으로 벌어들이는 수입은 국내 총생산의 대략 60%를 차지한다. 이탈리아는 패션 산업이 발달해 있다. 북부 롬바르디아 주 중심 도시인 밀라노는 세계 패션의 중심지이다. 이탈리아는 고급 소비재인 패션 명품은 세계 1위 수출국으로 글로벌 패션시장을 선도하고 있다.

기계 산업은 이탈리아의 제1 수출산업으로 전체 수출액에서 대략 20%를 차지한다. 국가산업 전반의 경쟁력 확보에도 큰 역할을 한다.

지역별로 다양한 식자재를 이용해서 고유한 전통음식 문화를 보유하고 있다. 특히 피자, 파스타는 이탈리아의 유명한 음식으로 세계에 널리 알려져 있다.

이탈리아는 세계 7대 자동차 생산국이다. 피아트(Fiat), 알파로메오(Alfa Romeo), 마세라티(Maserati), 페라리(Ferrari) 등 다양한 자동차 브랜드로 세계적인 경쟁력을 보유하고 있다.

이탈리아는 유럽 내 세 번째 화학 산업 강국이다. 유럽 전체 화학제품 생산량의 10%를 차지하고 있다.

항공우주산업은 연간 총매출액에 큰 비중을 차지하며 관련업에 종사자가 많다.

제약 산업도 발달해 생산액 기준으로 EU 국가 중 상당 부분을 차지해 독일에 이어 2위를 차지한다.

전시산업은 유럽 2위이며, 세계 3대 전시장인 피에라 밀라노 전시장에서 연 80회 이상의 주요 전시회를 개최한다. 총 3만여 업체가 참가한다. 그 외도 이탈리아 전역에서도 연간 2천여 회의 전시회를 개최한다.

3. 근대화의 역사적인 인물

이탈리아를 근대화하는데 역사와 문화예술의 한 페이지를 장식한 주요한 인물이 많다.

• 율리우스 가이사르(Gaius Julius Caesar, BC100~44)는 로마 공화정 말기 1차 삼두체제를 거치는 과정에서 강력한 1인 독재체제를 확립한 탁월한 정치가이다. 이집트 정복 시 클레오파트라와의 깊은 사랑에 빠진 유명한 로맨스는 세계인의 입에 오르내리는 전설이다.

• 아우구스투스 (Ausgustus, BC63~AD14)의 본명은 카이우스 율

리우스 가이사르 옥티비아누스(Gaius Julius Caeser Octavianus)이다. 평민 출신으로 초대 황제에 오른 카이사르의 후계자이다. 그는 2차 삼두정치에 참여하며 강력한 리더십으로 정치적 입지의 확고한 반열에 오른다. 원로원에서 조차 존엄을 뜻하는 '아우구스투스' 칭호를 받아 그의 절대적인 권력을 인정한다. 그가 통치한 이후 약 200여 년 동안 태평성대를 이뤄 로마의 평화를 상징하는 팍스 로마나(Pax Romana) 시대를 연다.

• 알리기에리 단테(Alighieri Dante, 1265~1321)는 이탈리아 피렌체 출신의 시인이다. 그가 남긴 서사시 '신곡'은 중세 르네상스의 상징으로 평가한다, 단테가 평생을 두고 사랑한 연인 '베아트리체와의 연애 이야기는 인류의 고전으로 인정할 정도로 유명하며 연인의 도시, 피렌체를 더욱 아름답게 수놓는다.

• 레오나르도 다빈치(Leonardo da Vinoi, 1452~1519)는 르네상스를 대표하는 예술가, 과학자, 철학자, 건축가이다. 인류 역사상 가장 뛰어난 천재로 주목받고 있다. 그는 주로 피렌체, 밀라노에서 작품 활동을 했다. 그의 작품으로 대표하는 '모나리자, 최후의 만찬'이 유명하다.

• 미켈란젤로(Michelangelo Buonarrioti, 1475~1584)는 레오나르도 다빈치와 르네상스를 대표하는 예술가, 조각가이다. 피렌체 메디치 가문의 후원을 받은 미켈란젤로의 대표적인 작품은 성 베드

로 대 성당의 조각품 '피에타' 피렌체 시청의 '다비드 상' 바티칸 시스티나 성당의 천장에 그려진 프레스코화 '최후의 심판'이 있다.

• 갈릴레오 갈릴레이(Galileo Galilei, 1564~1642)는 코페르니쿠스의 '지동설'을 입증하면서 교황청과 아리스토텔레스의 이론 '천동설'에 맞서서 천체를 과학적으로 입증한 사람으로 유명하다. 그는 당대의 뛰어난 천문학자인 동시에 수학, 물리학 등 많은 학문 분야에서 현대 과학의 기초를 마련한 사람이다.

• 주시페 가리발디(Giuseppe Garibaldi, 1807~1882)는 근세 이탈리아의 전 영토 통일을 이룬 장군이다. 이탈리아가 현재와 같은 모습의 국가형태를 이룬 시대는 지금으로부터 불과 160여 년 전인 1861년부터 이뤄졌다. 가리발디 장군은 리소르지멘토 이탈리아 통일 운동이라는 의용군을 조직해 나폴리와 시칠리아를 점령한다. 그가 점령한 땅을 사르데냐 왕국의 비토리오 에마누엘레 2세에게 바친다. 그 뒤 1870년 로마 교황청에 지배를 받던 로마 시까지 흡수해 왕에게 바쳐서 오늘날의 이탈리아를 완성한다.

• 베니 또 무솔리니(Benito Mussolini, 1883~1945)는 이탈리아 왕국의 총리로서, 독일의 히틀러와 동맹을 맺어 제2차 세계대전을 일으킨 이탈리아 최고 통치자이다. 그는 유럽 최초의 파시스트 지도자이다. 그가 주창하는 파시즘(국가주의, 팽창주의, 반공주의를 결합한 정책)적 독재자의 대표적인 인물로 이탈리아를 30여 년간

지배했다.

4. 자연의 대재앙 베스비오(Vesuvio) 화산폭발

고대 로마시대 화산 폐허 도시 폼페이에서 바라본 베스비오 산은 근접거리에 있음에도 불구하고 잿빛 구름과 안개에 둘러싸여 오랜 전설을 간직하고 있는 신비한 산으로 다가온다.

서기 79년 8월 24일 오후 1시, 나폴리 만 연안의 베스비오 산에서 갑자기 검붉은 불꽃이 튀고 굉음이 울려 퍼지며 연속 폭발한다. 화산재가 사방으로 휘날려도 폼페이 시민은 평소와 같이 잠시 지진이 발생했다 수그러들 것으로 생각하고 대피할 생각을 하지 않았다.

베스비오 화산

시민은 평소처럼 동네잔치를 벌이고, 친구를 만나 놀이를 하고, 들판에 나와 밭일을 하고 집에서 가사 일을 하며 차를 마시며 쉬기도 하고, 해변 모래밭에서 연인과 거닐기도 했다.

화산 폭발과 용암이 점점 더 솟아올라 종전과는 다르게 짙은 먹구름에 불꽃이 튀며 몹시 심하게 요동쳤다. 위험을 직감적으로 느낀 주민은 가재도구 일부와 보따리를 쌓아서 피난 가기 시작했다.

그런데 잘 사는 귀족, 부호는 자기들이 사는 호화 주택과 살림살이가 미더워 떠나지 못하고 화산이 수그러들기만 고대하고 있었다. 저렇게 요란하게 폭발하다가 멈추겠지 하는 안이한 생각에 집에서 머물고 있었다. 그러나 진동과 폭발이 점점 더 심해졌다.

화산 폭발의 진원지는 폼페이에서 서북쪽으로 10여 킬로미터 떨어진 베스비오 산이었다. 천여 년을 조용히 지내던 화산이 지각변동으로 갑자기 폭발한 것이었다.

베스비오 화산 폭발의 회색빛 검은 연기는 주변의 하늘을 뒤덮고 수백 킬로미터 떨어진 먼 곳까지 자욱한 연기를 내뿜고 있었다.

산 정상에서 붉은 용암이 흘러내리며 화산재와 돌이 사방으로 휘날리며 불길이 번져 나갔다. 바람을 타고 날아드는 화산재는 하늘을 암흑세계로 덮었다. 3일 동안 지진과 화산 대폭발로 화산재는 비처럼 쏟아져 3~5m 두께로 쌓이고 주변을 뒤덮어버려 폼페이는 역사의 뒤안길로 완전히 흔적도 없이 자취를 감춘다.

자연의 재앙으로 한때 폐허의 고대도시 비극의 현장 폼페이는 사람의 기억에서 오랫동안 잊힌 땅으로 존재했다. 화산의 대폭발로 폐허가 되었다는 기록은 남아 있어도 어느 누구도 폼페이의 정확한 위치를 알지 못했다.

서기 1700년 말부터 소규모로 발굴을 시작해 서기 1800년대에 옛 시가지의 흔적 대부분을 찾았다. 그 당시 발굴된 유품과 가재도구 등은 대부분 나폴리 박물관에 전시, 소장하고 있다.

옛날 지진과 화산의 대폭발로 폐허가 된 유적은 검게 탄 흔적이 유령도시처럼 여기저기 흉물처럼 솟아 있다. 유적은 대부분 불타고 허물어진 상태에서도 화산재에 덮여 잘 보존되고 있었다.

화산재로 덮인 유물 발굴 전시장

불에 타지 않는 건물 자재(주로 돌, 벽돌, 질그릇)만 화산 흔적에서 고스란히 남아 있었다. 집터가 넓고 집 규모도 대부분이 크며 화려하다. 귀족이나 부자의 호사스러운 생활 흔적이 여러 곳에서 묻어난다.

특이한 사항은 네로의 왕비였던 '포 베아의 별장'과 크라수스의 별장(1차 삼두 정치의 거장)이 있었다.

시내는 도시화 계획이 잘 보존되어 있고 도로가 사통 팔방으로 발달해 있다, 주도로는 바닥에 넓고 큰 돌로 포장해서 도로환경이

쾌적하고 수준 높은 문화생활을 하고 있었다는 사실을 유추해서 알 수가 있다. 비가 많이 와 도로에 빗물이 흥건히 잠길 때 건너다니는 돌다리 디딤돌도 보였다. 시가지 주도로는 도시계획이 잘되어 있어 도시의 발굴 상태가 좋아서 원래 상태대로 잘 보존 관리되고 있었다.

폼페이는 이탈리아 남부 나폴리 연안 조금 높은 지대에 기원전 6세기 이전에 형성된 고대 도시이다. 역사 자료에 의하면 화산 폭발 시 도시의 규모가 커서 인구는 대략 2만~5만여 명 정도가 살았다고 전한다.

폼페이는 사르누스 강 하구에 있는 항구 도시로 자연환경이 좋은 곳이다. 지중해성 기후로 온난화해서 겨울은 짧고, 여름이 길며 봄과 가을도 있어 사람 살기 좋은 기후였다. 이곳은 땅이 비옥해서 농업과 상업이 번창했고 제정 로마 시대에는 곳곳에 귀족 별장이 있었던 것으로 확인되었다.

해외로 바닷길이 열려 있어 교역이 활발했다. 특히 계절에 따라서 피서, 피한으로 인구이동이 많았다고 한다. 폼페이는 정치, 경제, 종교의 중심지로 공회당과 거의 기둥만 남아 있는 아폴로 신전, 제우스의 신전, 폼페이 시청 건물이 불에 타 훼손되어 우뚝 솟아 있는 모습이 그 당시 처참한 비극의 현장을 여실히 보여주고 있다. 수많은 대리석 조각, 청동상, 토기는 그리스의 걸작을 모방한 물품 등으로 헬레니즘 문화의 지대한 영향을 받았다고 전한다.

여기는 항구 도시로 무역선을 타고서 왕래하는 외지인이 많았다. 그들은 무료한 시간을 보내기 위해서 아마도 놀이 문화를 즐겼는지도 모른다.

돌 이정표가 가르치는 방향을 따라서 들어갔다.

'홍등가가 있다는 표식'이 나온다. 유락시설로 운영하던 집이 원형 그대로 발굴되었다. 어쩌면 인류가 탄생한 이후에 '매춘사업'은 암암리에 은밀히 성업해 전해 내려왔는지도 모른다.

화산 대폭발로 모든 가연성 물체는 다 타버릴 텐데 누각 벽면에 희미한 여체 그림이 고스란히 남아 있다. 방으로 사용했던 좁은 공간이 보인다. 화산 폭발 시 뜨거운 용암에 의해서 순식간에 견고한 돌로 변환 상태가 그때의 비극을 잘 보여주고 있다.

폼페이 주택가

호화주택의 벽이 고스란히 무너진 흔적이 자연스럽게 보였다. 돌과 벽돌, 문틀에 대리석 자재를 사용해서 호화주택을 지은 건축물로 보인다. 이곳이 어느 지역이라고 주소와 이정표 푯말을 부착해서 오가는 사람들에게 알려주고 있어 요사이 집 명패와 크게 다를 바가 없다.

좌, 우측 건물 지붕에는 예쁜 기왓장이 널려 있고, 도시의 주요 주거시설 밀집 지역에 공동우물을 사용한 흔적도 보인다.

큰 대갓집의 시설 규모를 들여다보면 상류층(귀족, 고위층 벼슬아치 또는 사업가)의 주택은 크고 화려하다. 어느 지역은 좀 더 번화하고 큰 집들이 빼곡히 들어차 있어 부자 동네라는 인상을 주었다. 번화한 지역에 있는 관청, 시청, 공회당, 시장통로, 도박장이 들어선 건물이 거리를 따라서 쭉 들어서 있다.

도로 한가운데에 큰 돌을 세워서 마차가 더 이상 도시 깊숙이 들어가지 못하게 도로 통행 제한을 하고 있어 안전을 도모했다.

공동 목욕탕 시설을 운영한 건물이 발견되었다. 로마인은 목욕 문화가 발달했다. 용수탕, 욕탕 가운데에서 물이 솟아오르는 소형 분수대가 있고 더운물이 나오는 물구멍이 있어 샤워 시설 흔적이 보인다.

오른쪽 벽면의 네모 칸막이는 옷을 보관하는 옷장이다. 누어서 마사지를 받던 침대가 놓여 있어 현대 목욕 시설과 별반 차이가 없다. 벽과 벽 사이 난방용 물 배수관이 벽 틈새로 이어져 설치되어 있다.

빵 굽는 화덕이 여러 개 보이고 장작불 지피는 아궁이와 음식물을 잘게 가는 맷돌과 음식물 나오는 맷돌 구멍이 선명하게 보인다.

집마다 물 공급용 수도관이 설치되어 있다. 각 가정 부엌까지 수도관이 타고 들어와서 생활용수를 편리하게 끌어다 사용한 흔적이 엿보인다, 화산재에 파묻힌 도시의 수로가 거의 완벽하게 복원되었다. 전기만 없었지 현대의 생활수준과 거의 비슷하다는 사실을 유추해서 알 수가 있다.

이 집은 규모가 크다, 집을 지키는 개가 있다는 표식으로 현관문 바닥에 개 그림을 그려서 모자이크화해 놓았다. 외지인이 함부로 접근 못 하도록 '경고표식'을 하고 살았다. 아마도 로마 귀족이 살았을 것으로 짐작되는 호화로운 저택에는 넓은 정원이 딸려 있다. 제정 로마 시대 집정관, 원로원 별장이 아닌가 생각이 된다.

가정에서 사용하던 은 식기 바구니, 은 컵, 물병, 포도주 병 그리고 각종 생활 도구와 가재도구를 한곳에 모아서 전시하고 있다. 그 시대의 생활상을 어렴풋이 엿볼 수가 있다. 한때 인간의 부귀영화도 자연의 대재앙, 천재지변 앞에서는 속수무책으로 당한다는 사실을 여실히 보여주고 있다.

화산 대폭발 시 위험을 피하는 안전 자세로 엎드려 순간에 굳어진 미라 화석은 그때의 처참한 상황을 대변하고 있어 안타까운 마음을 금할 수가 없다.

전시하고 있는 조각상이 사람 형태의 미라인지 조각상인지 구분 못 할 정도로 훼, 파손되어 굳어져 있다, 순식간에 화산재를 뒤집어쓰고 굳어져 버린 어른 미라 화석은 비극의 현장에 대하여 아무 말도 없다.

창고의 지붕이 붕괴하면서 진공상태로 땅속에 묻혔다가 발굴된 마차의 형태가 원형 그대로 신기하게 세상에 나왔다. 각종 유물을 보면서 지진과 화산 대폭발 시 얼마나 처참하고 비참했나 하는 '순간의 역사'를 자세히 들여다보는 기회이었다.

아직 발굴되지 않는 장소를 알려주는 넓은 화판에 작업 진도 상황을 세밀히 표시해 알려주고 있다. 조그만 손 도구로 화산재를 일일이 걷어 내며 조심스럽게 파 들어가고 있었다.

그 옛날 베수비오 산 지진과 화산 대폭발로 이 지역을 뒤덮어버린 붉은 용암과 화산재로 초토화한 폼페이는 도시민이 절규하는 아수라장과 아비규환이며 울부짖는 비명을 듣는 것 같은 느낌은 무어라 형언할 수 없는 비참함이 가슴에서 묻어난다. 이런 처참한 천연재해의 비극 현장이 화산재로 뒤덮은 채 장구한 세월이 흘렀건만 아무런 일도 없었던 냥 우뚝 하늘로 솟은 베스비오 산 정상에는 하늘 아래 회색 구름과 뿌연 안개로 뒤덮여 있어 세월의 무상함과 신비감마저 느끼게 하고 있다. 베스비오 산은 높이가 1,270m로서 12,000여 년 전에 지진으로 형성된 화산은 수차에 걸쳐서 화산 폭발과 분출로 많은 인적 재산적 피해를 주었다. 화산 폭발 규모는 해발 50m에 둘레 40km의 넓은 지역을 초토화해 광활한 흔적을 만들었다. 유럽 대륙에 현존하는 유일한 활화산이라고 한다.

우리는 폼페이 유적을 관광하고서 시내로 내려와 점심 먹고 다음 여행지 쏘렌토로 가기로 했다.

폼페이 역 근접 모 식당에 들어가 식사하기로 했다. 이탈리아 음식 중 대중이 즐겨 먹는 홍합 스파케티, 피자, 이탈리아의 각종 음식과 올리브유, 그리고 포도주는 유럽의 최고 수준이라고 한다. 로마시대의 요리하는 방법과 다양하고 맛있는 음식 종류를 소개하며 유럽 여러 나라에 전파되었다고 한다. 우리는 이곳의 이름난 홍합 스파게티와 피자를 주문하고서 식탁에 둘레 앉아 기다리고 있었다.

식당 내 좋은 분위기 연출을 위해서 기타를 치고 있는 악사가 다가온다. 필자는 환영해 준다는 좋은 의미로 받아들여 별로 신경을 안 썼다. 그런데 한참 점심을 먹고 있는데 기타 맨이 필자 옆자리로 와서 이탈리아 민요를 구성지게 들려준다. 너무 친절히 다가와 눈짓으로 고맙다고 인사했다.

기타 치는 한순간 엇박자가 나서 투~당 투~타당하며 이상한 퉁명스러운 소리가 난다, 참 이상하다고 생각했으나 별로 신경을 안 쓰고 있었다. 나중에 확인해 보니 기타를 치면서 필자의 허리에 찬 손가방을 열고서 돈을 빼가려는 수작이었다. 작은 가방 지퍼가 반쯤 열린 상태를 보고서 지레 놀랐다.

순간에 일어난 일이라 필자도 어안이 벙벙하다. 가능하면 현지인과 멀리 떨어져 있는 것이 더욱 안전하다고 생각하며 사람이 접근하면 더 조심해야겠다고 생각했다. 이탈리아는 소매치기가 성행해서 어디를 가나 조심해야 한다.

이제 폼페이 역에 들어가 다음 관광지 쏘렌토 행 열차에 몸을 실었다.

5. 절벽의 도시, 쏘렌토(Sorento)

폼페이에서 기차 타고 한 시간 정도 달려서 남부 캄파니아 나폴리 만에 있는 작은 항구도시 쏘렌토에 도착했다. 절벽을 이룬 나폴리 만을 마주 보고 있는 쏘렌토는 포도주와 올리브 주산지이다. 지중해성 기후인 쏘렌토는 온난화한 날씨와 경치가 아름다워 별장지대로 유명하다.

'돌아오라 쏘렌토로(Come back to Sorrento)'와 '오! 솔레미오(O sole mio)'라는 나폴리 민요는 우리가 살아오는 동안 너무나 많이 부르고 들어서 마치 동네 친근한 아저씨 같은 느낌마저 든다. 오호라 여기가 정감이 넘쳐나는 그 노래의 고향, 쏘렌토라 듣기만 해도 즐겁고 행복하다.

'돌아와요. 쏘렌토로' 노래 기념비석

쏘렌토 기차역 앞에는 '돌아오라 쏘렌토로'를 작곡한 '잠 바스타 쿠리티스의 기념 흉상'이 우리의 눈길을 끌고 있다. 우리 관광객은 노래 기념 비석 앞에 서서 한참 들여다보고 사진을 찍었다.

쏘렌토 항구는 지중해 해안을 따라서 깎아지른

듯한 바위 절벽과 파란 지중해로 둘러싸인 자연환경이 아름다운 절경을 이루고 있다. 시가지는 고풍스러운 짙은 아이보리색 건물과 주택이 길거리를 따라서 들어차고, 시내 곳곳의 정원에는 화사한 붉고 노랗고 하얀 꽃이 나그네의 눈길을 멈추게 한다.

쏘렌토는 길을 따라서 건물이 줄지어 서 있고 뒤편에 아파트 군락의 모습이 보인다. 팜 추리가 자라는 온화한 지중해성 기후는 사람이 살기 좋은 쏘렌토의 일면을 보여주고 있다.

시내는 한가하고 여유로운 시골 길거리 같은 기분이 들고, 산에서 흘러내리는 물이 깊은 계곡을 타고 바다로 빠져나가고 있다. 시내가 끝나는 절벽 아래 지중해가 드넓고 파랗게 펼쳐져서 저 멀리까지 수평선이 가물 가물거리며 다가와 가슴마저 시원함을 느끼게 한다.

쏘렌토에 유명한 엑셀시오 빅토리아 그랜드 호텔은 쏘렌토 역에서 가까운 깊은 계곡 경치가 내려다보이는 좋은 곳에 있다. 계곡 사이 양쪽 절벽 위에 빈틈없이 까치집처럼 집이 꽉 들어차 있다.

길거리 소로를 따라서 양편에 상점이 빼곡히 줄지어 있는 골목길에는 기념품, 귀중품 점포들이 대부분을 차지한다. 이곳에 들어가고 나오는 사람이 인산인해를 이룬다. 해외로부터 들어온 관광객이 골목길을 따라서 거니는 사람들은 화려하고 검소한 옷차림으로 물결처럼 파도를 이르듯 움직이고 있다.

이탈리아 사람은 손재주가 좋아서 세계적인 명품을 많이 생산한다, 앙증맞은 아기 옷, 화사한 여성 옷, 귀걸이, 목걸이, 팔찌 등, 정교하게 만든 상품이 즐비하게 전시해서 뭇 여인의 눈길을 유혹하고 있다. 점포에 진열된 상품이 디자인과 품질이 좋다. 보기만 해도 마음이 끌리는 제품이고 아름답다. 예쁘고 귀엽게 생긴 귀걸이, 팔찌, 목걸이는 종류도 다양하고 수려한 디자인과 여러 색깔이 오색영롱하게 빛을 발해서 화려한 색깔이 조화를 이룬다. 제품마다 손목에 걸치고 차는 방법도 물건에 따라서 천차만별이다. 세계 각국의 관광객이 이 거리에서 주로 기념품 쇼핑을 한다고 전한다.

오늘의 주인공 면사포를 쓴 신부

오늘 결혼하는 신부가 면사포를 쓰고 꽃송이를 들고서 샷뿐샷뿐 걸으며 길을 따라서 걸어가고 있다, '결혼 축하와 앞날의 행복을 기원한다,'고 말하며 '기념사진을 찍겠다,'고 했다. 그녀는 화려하고 아름다운 자세로 사진을 찍게 포주를 취해주는 아량도 있다. 너무나 아름다운 여인이며 미인이다.

쏘렌토는 높은 지대에 바다가 내려다보이는 좋은 위치에 도시가 발달되어 있고 정면 앞 절벽 아래에는 푸르고 광활한 바다가 은빛 세파에 춤을 추며 맑고 깨끗하게 확 트여 있다. 레스토랑, 커피숍, 아이스크림 점포, 기념품 상가를 거쳐서 절경인 해안가로 내려가는 접근로가 있다.

우리 일행은 바위로 형성된 절벽 아래 지중해를 내려다보는 경치 좋은 타소 광장의 전망대에서 망망대해를 빙 둘러보며 은빛 찬란한 지중해의 풍광을 감상했다.

절벽도시, 쏘렌토 전경

절벽 위에서 아래 바닷가로 내려가려면 뚫어진 바위 틈새 터널을 통해서 계단을 따라 해안가로 접근하게 만들었다. 그래서 쏘렌토를 '절벽의 도시'라고도 부르는가 보다.

바닷가에 내려오면 작은 포구를 이용하는 마리나 피콜로 표지판이 눈앞에 보인다. 저 멀리 흰 요트가 물 살을 가르며 바다에서 한가로이 오간다. 드넓은 바다를 빙 둘러서 바라보면 오른쪽에 세계 3대 미항 나폴리 항구가 아름다운 경치를 동반해서 눈앞에 다가온다.

바다 피어에서 선탠을 즐기는 여성 비키니 나체족은 아름다운 굴곡진 몸매를 이리저리 뒹굴고, 한편에서는 챙이 긴 흰 모자를 쑥 눌러쓰고 검은 안경에 늘씬한 팔등신 몸매를 드러내며 긴 의자에 누어서 하늘을 바라보는 모습은 뭇 사내들의 가슴에 잔잔한 파도를 일으켜 설레게 만든다.

그 옆에 선탠용 긴 의자와 비치파라솔이 군데군데 자리 잡고 동료와 둘러앉아 즐겁고 행복한 시간을 보내고 있다, 자연의 혜택을 마음껏 누리고 있는 바닷가 정경이 파노라마처럼 넓게 펼쳐지며 너무나 아름답게 눈에 들어온다.

여기는 각종 해양 여가시설이 즐비하게 들어서 있고, 요트와 유람선이 바다에 떠서 한가로이 움직인다. 코발트빛 바다에서 수영을 즐기는 사람들, 절벽 위 바다가 바라보이는 전망 좋은 위치에 대소 규모 건물과 호텔이 자리 잡고 있다, 바다와 잘 어울리는 참으로 아름다운 자연환경이 한 폭의 풍경화로 다가와 마냥 즐겁다. 각양각색의 요트, 쾌속선, 유람선이 즐비하게 포구에 정박해 잔잔한 물결에 움직이고 있어 한층 바다 특유의 시원한 경치와 어울려 눈앞에 펼쳐지고 있다.

우리 관광객은 다음 여행지 카프리 섬으로 가기 위해 유람선 선착장으로 다가서고 있다. 푸르른 지중해가 드넓게 펼쳐진 바다에 인접한 아름다운 작은 포구에는 날렵한 모양의 쾌속 유람선 여러 척이 닻을 내리고 한가로이 떠 있다. 날렵하게 유선형으로 생겨서 속도가 빠를 것 같은 예감이 들었다. 우리는 배에 승선해 전망 좋은 좌석을 잡았다. 이제 서서히 움직이기 시작한다. 카프리 섬으로 향해 중에 쏘렌토 절벽 도시를 바라보고 기념촬영을 했다. 깎아지른 절벽 위에 시가지가 펼쳐지고 럭셔리한 호텔이 눈앞에 다가온다. 이것은 호텔이 아니고 별장이라고 불러도 좋을 듯 수려한 절경이다. 바로 앞에서 바다 물결이 부딪쳐 흰 포말을 일으키며 춤추는 큰 바위가 일품이다. 노래에 나오는 아름다운 쏘렌토는 노래만큼이나 아름다운 절경이라 입가에 잔잔한 미소가 인다.

6. 천혜의 관광지 카프리 섬(Capri)

우리 관광객은 쏘렌토에서 카프리 섬으로 달리는 쾌속 유람선에서 천혜의 맑고 푸른 바다와 육지를 둘러보고 있다. 탑승객은 너나 할 것 없이 푸르른 바다와 내륙의 산, 깎아지른 절벽의 절경을 하나도 빠짐없이 보려고 눈을 떼지 못한다. 쾌속 유람선의 속도가 빨라서 선창에는 바람이 무척 세다. 아기씨의 금발 머리가 바람에 휘날리는 모습이 너무나 아름답게 보였다. 선박은 거센 파도의 물살을 가르며 계속 앞으로 순항한다.

카프리 섬에 가까이 다가오며 높은 산의 깎아지른 절벽이 눈앞에 다가온다. 섬에 가까워질수록 파란 세파가 출렁이는 바다에 여유롭고 한가로이 떠도는 요트가 점점 더 많아진다. 섬 뭍이 가까워지며 작은 포구 해안가에는 작고 큰 건물과 점포들이 해안선 소로를 따라서 쭉 펼쳐져 손님을 맞이한다. 쾌속 유람선에서 내린 관광객은 출렁이는 바다 물결을 바라보며 선착장을 따라서 섬 안으로 발길을 옮기고 있다.

좌측 카프리 섬 선착장과 해안가에 들어선 건물들

　선착장 간판 모퉁이 한편에 이탈리아 지도가 선명하게 보인다, 나폴리 항 바로 인접 카프리 섬이 지도에 자세히 표시되어 있어 여기가 어디쯤 된다는 사실을 지레짐작할 수가 있어 좋았다.
　바로 큰 섬 사이 건물이 표식 되어 있고 위에는 나폴리(Napoli)라고 쓰여 있다. 우측 육지 쪽에 베스비오 화산 폭발 그림이 그려져 있고 바로 아래 나폴리 시내 전경이 뚜렷이 보인다, 바로 옆 바다 쪽에 카프리 섬을 그려 놓았다. 나폴리 만 남쪽에 있는 카프리 섬은 석회암으로 구성되어 있다. 면적 10㎢, 길이 6.25km, 최대 너비 2.88km로 제법 큰 섬이다. 최고봉은 서부에 솟은 솔라로 산 정상까지 관광용 리프트가 설치되어 있어 편리하게 올라 주위 사방을 조망할 수 있다. 산의 높이는 589m이며 가파른 절벽이 많아 절경을 이룬다.

여행객이 유람선에서 내려 카프리 섬 내륙으로 걸어 나오고 있다. 카프리 섬 내 운행하는 미니버스에 Capri Watch라고 이색적인 표시를 했다. 섬 내 산길 운행 시는 노폭이 좁아 미니버스를 이용해야 한다고 말한다.

산등성이를 돌아 굽은 소로를 타고 올라갔다. 저 아래 잠잠한 바다를 내려다보면서 아름다운 경치에 매료되었다. 언덕 위 큰 별장에서 바다를 조망하는 전망대가 있어 좀 더 넓고 멀리 바다를 내려다볼 수가 있어 좋았다. 높은 언덕에서 저 멀리 파란 바다를 넘어 희미한 녹색의 거무스레한 산이 방금 떠나온 쏘렌토라고 한다. 조그만 유람선이 뒤꼬리에 흰 물줄기를 길게 그리며 들어오고 있다. 그곳이 카프리 섬 바닷길이라고 한다.

로마제국 초기 황제들의 휴양지로 유명한 섬이다, 아우구스투스 황제, 티베리우스 황제의 별장이 있었던 곳이다. 이곳의 주산업은 관광업이고 농업은 포도·올리브·감귤류를 생산하고 인구는 대략 1만 5천여 명 정도 거주한다고 한다. 카프리 섬 바닷가 건물과 산 쪽 경사진 곳에 여기저기 자리 잡은 흰 건물은 녹색의 자연과 잘 어울려 아름다운 풍광을 자아낸다.

이제 카프리 섬 전체 조망이 가능한 솔라로 산 정상으로 올라가는 리프트 정류장에 도착했다. 성인 1인 리프트 왕복 가격이 10유로(1만 5천 원)로 표시되어 있다. 소요시간은 편도 13분 2회 왕복에 26분이 소요되며 혼자 리프트를 타고서 산 정상으로 올라간다. 가는 사람, 오는 사람 서로 얼굴을 마주 보고서 손을 들어 인사하

솔라로 산 정상까지 관광용 리프트의 릴레이식 이동 장면이 흥미롭다.

기도 한다.

 발아래 펼쳐지는 울창한 수풀로 뒤 덥힌 산등성이를 여기저기 내려다보며 주위를 살펴보았다. 앞 방향에서 오고 있는 잘생긴 서양 여인이 손짓으로 인사하고 지나간다. 너무나 아름다운 모습에 멀리 사라질 때까지 눈을 띠지 못했다. 리프트에서 경사진 푸르른 산등성이와 저 멀리 펼쳐진 시가지를 내려다보고 기념사진을 찍었다. 산 중턱에도 집들이 꽉 들어차 있다.

 산 정상 꼭대기까지 수십 대의 리프트가 한 줄로 쭉 연결되어 꼭 줄 서서 릴레이 하듯 움직인다. 이렇게 오가는 리프트의 행렬이 무성한 수풀과 잘 어울려 아름다운 경치를 자아낸다.

 필자는 드디어 산 정상 리프트 정류장에 삽뿐이 닿았다. 리프트는 이동속도가 빨라서 두 사람이 좌우에서 꽉 잡아주고 보조를 취해 주어야 안전하게 내릴 수가 있다. 필자는 리프트에 내려서 산 정상에 있는 넓은 정원으로 들어섰다.

정원 가장자리에 바다 조망이 가능하도록 관망대를 만들어 놓았다. 관망대 보호대 아래는 천야만야한 가파른 절벽이다.

광활하고 드넓은 코발트색 쪽빛 바다의 수평선이 끝없이 펼쳐져서 눈이 닿는 곳은 연한 안개에 희미하게 보인다. 깎아지른 험준한 절벽과 계곡이 무서울 정도로 깊고, 바다 저 멀리 흰 포말을 일으키며 요트가 움직이는 드넓은 파란 바다는 파노라마처럼 눈앞에 다가온다.

흰 조개 딱지처럼 산 비알에 다닥다닥 붙어 있는 크고 작은 주택이 아름다운 푸르른 대자연과 한데 어울려 한 폭의 풍경화로 다가온다. 바로 앞에는 자연이 빚은 바위 조각품, 바위섬이 곳곳에 흩어져 흰 포말을 일으키며 출렁이는 바다와 잘 어울려 신비한 자태를 뽐낸다. 과히 수려한 경치가 일품이라 참으로 아름다운 구경거리이다. 산 정상 조망대에서 빙 돌아가며 저 멀리 바다, 섬 아래 절벽을 바라보며 기기묘묘한 자연의 모습을 배경 삼아 기념사진을 찍었다.

아름다운 경치를 감상하고 이제 역순으로 리프트를 타고서 아래로 내려오고 있다. 리프트에서 내린 우리 일행은 두 대의 차에 나누어 탔다.

관광용 미니버스 조수가 우리를 환영하는 뜻에서 이탈리아 민요 '돌아오라 쏘렌토로(Torna A Surriento)'를 구성지게 부른다.

"아름다운 저 바다와 그리운 그 빛난 햇빛
　내 맘속에 잠시라도 떠날 때가 없도다……, 중략
　돌아 오~라 이곳을 잊지 말고
　돌아오라 쏘렌~토로 돌아오라♩♪🎜"

손뼉을 치며 한곡을 더 앙코르 했더니 오, 솔레미오(O Sole Mio)를 부른다.

"얼마나 멋진 햇볕일까.
　폭풍우는 지나가 하늘은 맑고 상쾌한 바람에 마치 축제처럼 햇빛이 비쳐왔다.
　그러나 그 태양보다도 더 아름다운 너의 눈동자.
　오, 나의 태양이여……♩♪♪"

우리 일행은 차 안에서 눈을 지그시 감고서 조금 전에 둘러본 아름다운 천혜의 절벽 도시 쏘렌토를 회상하고 있었다. 그는 노래를 부르며 다른 팀에게는 2곡을 불렀다고 말하지 말라며 천연스럽게 능청을 떤다.
　어느 부인이 언젠가 열린 음악회에서 '오 솔레미오'를 청취하며 참 잘 부른다고 감탄사를 연발하더란다. 그런데 그 남편이 젊은 시절 파바로티나 도밍고에 버금가는 테너 음성으로 잘 불러 주위로부터 칭송을 자주 받았다고 한다. 그는 어릴 적에 전국 음악 경연

대회에 출전하여 우승 트로피를 휩쓸었다.

어느 날 음악선생이 그를 보고 음대로 가라고 적극적으로 권유했으나 부모님은 음악을 전공하면 살기 힘들다고 한사코 만류해서 음대 진학을 포기했단다.

친구 모임이나 부부생활을 하면서 종종 불러 주어서 한없이 즐겁고 행복했는데, 어느 날 남편이 아파 누어 침대생활을 하고 지낸다고 하소연하며, 왜, 젊어 건강할 때 저 노래 녹음을 못 했는지 지금 생각하면 몹시 후회스럽다고 한탄하는 그 여인의 모습을 그리며 인생무상을 느꼈다고 한다. 그는 그 말에 한동안 애절한 부부애를 잊지 못하고 가슴이 뭉클했다고 전하며 인생살이의 진한 사연이 가슴 깊이 파고들었다고 한다.

'돌아오라 쏘렌토로'를 구성지게 부르는 조수

바닷가에 내려와 귀항 유람선이 대기하는 시간에 물놀이를 즐겼다. 맑디맑은 바닷물, 얼마나 물이 깨끗한지 면경 지수처럼 물속이 훤히 들려다 보이고 새끼 물고기의 유영이 아름답다.

갈매기가 와서 '저는 여기 사는 본토 베기인데요, 어디서 오셨어요.' 하며 고개를 끄덕이고 눈으로 인사하며 가까이서 손님맞이도 한다. 갈매기는 동방예의지국에서 온 필자를 얼른 알아보고서 예의를 갖추어 공손히 머리를 끄덕이며 인사하는 시늉을 한다. 참으로 보기 좋은 광경이다.

갈매기가 날아들어 인사하는 모습

카프리 섬 선착장에는 출렁이는 파도 소리에 휩쓸려 사악~싸악 하는 자갈 소리가 유난히 시끄럽다. 해안가에서 물놀이하는 사람들, 여러 종류의 날렵한 요트와 유람선, 시내 건물이 한데 잘 어울리는 어촌의 이색적인 진귀한 풍경이 눈 안에 들어왔다. 해안가를 따라서 발전한 시장통, 시내 거리에 들어선 음식점에는 외지 관광객으로 꽉 차 왁자지껄 발 디딜 틈이 없을 정도로 붐빈다.

저 멀리 바다 넘어 나폴리 항구가 보인다. 우리는 카프리 섬의 아름다운 추억을 한 아름 안고서 뒤로 한 채 나폴리 항구를 향하여 출발했다.

7. 세계 3대 미항, 나폴리(Napoli)

저 멀리서 가물거리던 나폴리 항구가 점점 더 가까워지고 있다. 지금 항구에 서서히 접어들고 있다. 대형 크루즈 선박, 호화 유람선이 선착장에 줄지어 정박해 있다

나폴리 항구는 세계 3대 미항에 들어간다. 시내가 아름다워서 부쳐지는 애칭이 아니고 바다에서 내륙을 들여다 봤을 때 나폴리 항구가 아름다워서 3대 미항이라고 부른다. 예로부터 '나폴리를 보고 죽어라'라는 유명한 속담이 전해 내려오고 있듯이 세계적인 미항, 관광도시의 하나로 손꼽힌다. 세계의 3대 미항에는 호주의 시드니 항, 브라질의 리우데자네이루 항, 그리고 이탈리아의 나폴리 항구를 든다.

베수비오 화산을 배경으로 한 나폴리 항구 전경

이곳은 이탈리아 남부 캄파니아 주에 있는 항구로 폼페이 유적지, 베수비오 화산, 아말피와 포지타노의 해변 마을, 카프리 섬이 유명한 관광지로 알려져 있다. 모래 해안은 배후의 베수비오 화산과 더불어 지중해에서 가장 아름다운 경치를 보여주고 있다.

나폴리는 도시 규모로 보아 로마·밀라노 다음으로 이탈리아의 제3 도시에 속한다. 나폴리 만에 있는 천연 항구이며 인구는 도시 중심에 1백만여 명 근교까지 포함 시 3백만여 명이라고 한다.

배후지 가까이는 베수비오 화산이 서쪽 기슭까지 차지하고 있다. 시가지는 동쪽으로 발전해서 차차 높아지고, 토양은 화산재로 싸여 농지가 비옥하며 수려한 해안가는 관광객을 끌어들인다.

전형적인 지중해성 기후이다, 최저 평균 기온이 섭씨 9도로서 이탈리아의 도시 중 기후가 가장 온난하다고 한다. 특히 아열대 산인 오렌지·올리브·등을 많이 재배한다.

나폴리는 기원전 470년에 그리스인이 세운 식민도시 네아폴리스가 그 기원이며, 그리스 어로 '새로운 도시'라는 뜻이다. 가까이 있는 베수비오 화산 분화를 피해서 이주한 주민에 의해서 건설된 항구도시라고 한다. 고대 로마시대에도 번성하였던 항구도시로서 중세시대를 거치면서 나폴리는 비잔틴 문화의 영향을 강하게 받아 독특한 문화 잔재가 전해 내려오고 있다.

유럽의 중세시대 프랑스, 스페인 세력이 12세기경에 이탈리아 남쪽 지방에 진출해서 한때는 나폴리 왕국의 수도가 되기도 했다. 나폴리 항구 인접에 거대한 성곽 카스텔 누오보 성은 1278년 이곳을 지배한 프랑스 앙쥬 가문이 축성해 왕궁과 요새로 사용했다고 전한다.

프랑스, 스페인이 지배 하던 시절의 성곽

　수백여 년을 지나며 수차에 걸쳐서 여러 왕권의 지배를 받은 나폴리는 근세에 들어 이탈리아의 남부 공업 중심도시로 발전했다. 공장은 주로 전통적인 피혁공업과 화학·기계공업이 주류를 이룬다고 한다. 항구 규모로 볼 때는 제노바 다음가는 이탈리아 제2의 무역항이며, 1924년에 항구를 확장하기 시작해서 나폴리 항구의 발전된 현재의 모습으로 변하고 이를 계기로 더욱 발전되었다

　제2차 세계 대전 중에 시가지·항만시설과, 17~18세기 경의 바로크 양식의 교회·왕궁 등 일부 유적이 파손되었다. 전쟁이 종료된 이후에 많은 재정을 투입하여 이제는 원상태대로 복구했다. 근접 거리에 있는 폼페이의 유적지, 고대 건물과 나폴리 싼 카를로 극장은 로마, 밀라노와 더불어 이탈리아 3대 오페라 하우스로 세계적

인 명성과 세계 음악계의 전당으로 자리매김하고 있다. 이탈리아의 민요·요리 등과 함께 관광자원을 최대로 활용해서 해외 관광객을 끌어들이고 있다.

나폴리 박물관에는 서기 79년 베수비오의 화산재로 매몰되었던 고대도시 폼페이와 헤르쿨라네움 두 도시의 귀중한 고대 유물이 잘 보존 전시되고 있다.

나포리 시가지는 고색 찬란한 건물과 주거용 아파트가 즐비하게 들어서 있다. 이 미항이라는 나폴리 항구가 그렇게 좋은 구경거리로 눈에 들어오지는 않는다. 도시는 해안가를 중심으로 시가지가 발달해 있었다.

조금 시내를 지나 한적한 곳에 집시족 촌이 길게 늘어서 있다. 이 집시 촌은 가건물에 지저분한 천막이 주류를 이룬다. 유럽은 이런 집시 촌이 나라마다 지역마다 무허가로 자리를 잡고 있어 각종 사회 범죄의 온상과 미풍양속을 헤치고 있어 골머리를 앓고 있다. 시에서 도시 정화 차원에서 철거 예정지로 계획하고 있다.

서산의 시뻘건 태양이 불타며 서서히 서쪽으로 넘어가고 있는 이때는 나그네의 발걸음은 더욱더 빨라진다. 이국에서 정처 없이 떠도는 여행자의 신세는 오늘 밤은 어디서 편히 쉬어갈까 하는 우수에 젖어 들 때이다. 아마도 조금 전에 집시들의 가엾은 생활상을 생각하며 일시적으로 스며든 센티멘털의 연상인지도 모른다.

8. 문화예술의 도시, 피렌체(Firenze)

피렌체는 고대 로마시대 2세기경부터 발전하기 시작한 토스카나 지방의 중심도시이다. 로마로부터 북서쪽 233㎞, 아르노 강 양안과 구릉지에 있다.

13세기부터 예술과 문학, 과학의 도시로 유럽에 널리 알려져 있었다. 고대부터 문물 교역이 활발했던 상인들은 경제뿐만 아니라 정치와 종교에 이르기까지 많은 분야에서 획기적인 발전을 이루어 인접 지역에 전파하는 역할도 수행했다. 절대주의 군주 정치에서 자치 공화제 도시국가(메디 차가 중심 정치체제)로 변천 운영되었다. 피렌체는 타 지역보다 잘 살고 있는 중심도시로 자연히 그 시대의 명성 있는 인문학자, 철학자, 과학자, 예술가들이 모여드는 지역이었다. 학문의 발달은 시대를 거치며 여러 분야로 파고들었다. 그중 역사상 가장 위대한 문화운동 중 하나로 평가받는 유럽의 르네상스 발상지이며 교통의 요지로 발전했다.

르네상스 운동은 고대 헬레니즘 문화, 그리스 문화, 동방 문화가 한데 융합된 문화로 어우러져 새로운 문예부흥운동을 잉태했던 지역으로서 전 유럽에 전파되어 100여 년 동안 찬란한 문화의 꽃을 피웠다.

그 시대 피렌체 출신의 유명한 인물로는 이탈리아의 대표적인 시인이며 사상가인 단테(신곡)와 정치가인 마키아벨리, 과학자 갈릴레오, 천재 화가 레오나르도 다 빈치와 미켈란젤로가 있다.

성 마리아 대성당의 세례당 전경   미켈란젤로 작품 천국의 문

  도시 중심지에 단테가 거주하던 집을 기념관으로 운영하고 있었다. 관광객이 들어가 자유로이 구경하고 나오는 집에는 쓰던 가구며 소품을 전시하고 있다. 명판에 치사 디 단테(Chiesa Di Dante)라고 표시되어 있다. 특히 그림 그리기를 좋아한 레오나르도 다빈치는 '모나리자', '동굴의 성모' 등 수많은 명작을 남겼다.

  15세기 중반 피렌체의 부호 메디치 가문은 르네상스의 건축가와 예술가에게 자금을 지원해서 문화예술을 발전시키고 유명한 건축물과 우피치 미술관을 지어 희귀한 그림과 조각을 구입해 예술가에게 도움을 주었다. 메디치 가문은 은행업으로 많은 돈을 벌어서 당대의 유명한 예술가, 문학가, 정치가, 경제학자 등을 배출한 명문가이기도 하다.

  세계에서 가장 오래되고 중요시하는 우피치 미술관에는 조토,

보티첼리, 레오나르도 다빈치, 미켈란젤로, 카라바조 등 르네상스의 대표적 예술가의 작품은 물론, 루벤스, 렘브란트, 고야 등 다른 나라 유명 작가의 작품도 많이 소장하고 있다.

성 마리아 대성당의 시설 규모는 길이 153m, 넓이 38m이며 1294년 공사를 시작하여 167년이란 긴 세월에 걸쳐서 아르놀프 디 캄비오에 의해서 건축이 완료되었다. 대성당은 로마네스크, 고딕 양식과 고대 로마의 건축 양식이 혼합된 건축물로서 피렌체를 상징하는 건물이다. 피렌체의 건축물 중 가장 높고 웅장하며, 세계에서 4번째로 큰 성당이라고 한다. 성당에는 조르조 바사리와 주카리가 그린 천장화, '최후의 심판'과 도나텔로 조품인 스테인드글라스 등이 유명하다.

죠 또는 종탑 건설에 힘쓰고 안드레이 피사노는 내부시설을 프란체스코 탈랜 티는 건물구조 확장에 기여했다. 높이 114m의 브르넬리스키 돔, 죠 또의 종탑, 세례 당으로 구분된 건물이 차분한 분위기를 보여준다. 건축 재료는 흰색대리석이 주류를 이르며 그 규모가 크다. 흰 백색의 세례 당은 외관이 미려한 건물이다. 건축에 공헌한 자의 조각상이 서 있고, 성당 내부와 천장이 아름답고 수려한 디자인으로 구성되어 있었다. 이 건축물의 특징은 고전적인 로마네스크 양식과 수려한 고딕양식을 융합해서 지었다.

미켈란젤로에 의해서 만들어진 '천국의 문'(Porta del Paradiso)은 1452년 제작되었다. 구약성서의 내용을 주제로 10개의 부조를 나눠서 아담과 하와, 노아, 아벨과 카인, 솔로몬과 시바 여왕(Saba)의 만남 등이 자세히 조각되어 있다. 중세 시대의 작품은 모두 종교적인 내용을 담고 있으나, 피렌체 두오모 작품은 그리스와 로마 문화의 영향을 받아서 인간 중심의 인체 표현이 아름답고 생명력이 넘쳐난다. 르네상스의 특징인 그리스·로마 문화의 부활과 더불어 예술의 중심이 신이 아닌 인간을 중심으로 짜져 잘 보여주고 있었다.

두오모 대성당 지역에서 길거리를 따라서 걷다 보면 유명 제품을 취급하는 상점가가 나온다. 여기는 중국인의 상점이 많다. 각종 피혁제품인 가방, 벨트, 가죽옷을 전시해 팔고 있다. 수많은 관광객이 자기 취향에 맞는 제품을 고르느라 바쁘게 움직인다. 필자는 디자인이 좋고 튼튼한 가죽 벨트를 기념품으로 샀다. 모양도 마음에 들고 무척 튼튼하게 만들었다.

상점가에서 남쪽으로 조금 더 내려오면 넓은 시뇨리아 광장이 나온다. 여기는 시내 중심가이며 시민이 자주 찾는 도심의 광장이다. 시뇨리아 광장에는 수십 개의 대소규모의 조각상이 화려하고 기묘한 모습으로 서 있다.

미켈란젤로 걸작인 '모조 다비드 상', 피렌체 시민들이 '흰 거인'으로 부르는 넵투누스 분수대, 도나텔로의 작품 '사자 상', 쟘 볼로냐의 작품 '사비나 여인의 납치', 첼리니의 작품 '페르세우스' 등 르네상스 미술을 대표하는 여러 조각상이 제각각의 여러 형상과 모습으로 다가와 예술 조각 작품의 면모를 보여주고 있어 국내외의 수많은 관광객이 거쳐 가는 유명한 장소이기도 하다.

이 광장을 상징하는 성곽 모양의 건물은 높이 94m에 달하는 거대한 탑 형상이 베끼오 궁전이다. 이 궁전은 1314년에 완성된 것으로 지금은 피렌체 시청으로 사용하고 있다.

시뇨리아 광장은 8세기 동안 시민을 위한 정치 중심지 역할을 한곳으로 유명하다. 이곳은 한때 마키아벨리가 이 건물에서 집무했다고 전해 내려오고 있다.

피렌체라는 도시가 워낙 유명해서 교황 레오 10세가 거쳐서 갔고. 근세에 들어 프랑스 나폴레옹, 독일의 히틀러도 방문한 역사적인 장소이기도 하다.

미켈란젤로 걸작품 다비드 상

특히 미켈란젤로는 르네상스 시대 피렌체 출신으로 어릴 적부터 미술에 소질이 있었다. 그는 부모의 반대에도 불구하고 13세에 유명한 화가 기률 린다우의 제자가 된다.

그는 고대 조각을 연구하며 활동하다가 재능을 인정받아 피렌체뿐만 아니라 로마에서도 활동해 많은 작품을 남긴다. 우리에게 잘 알려진 성 베드로 성당의 '쿠풀라와 피에타 상', 시스타나 성당의 '천지창조', '최후의 심판', 피렌체의 '다비드 상'을 들 수 있다. 그는 25세에 '다비드 상'을 제작 했다고 전한다. 여기 전시하고 있는 '다비드 상'은 모조품이며, 원본은 아카데미아 박물관에 소장하고 있다.

그 시대의 여러 위인의 조각상, Niccolo Pisano, Giotto, Donatello, Giovanni Boccaccio 등 시뇨리아 광장 오른쪽 건물에는 르네상스 시대에 명성을 날렸던 유명한 예술인의 조각상이 건물 여백을 따라서 쭉 전시되어 있다.

베끼오 다리

피렌체는 문화예술의 도시인 동시에 현대에는 공업지대로 탈바꿈해서 가죽을 주원료로 하는 명품 제조업체가 즐비하다. 그리고 관광업이 기반을 이루고 전통적인 수공예품인 유리제품, 도자기, 귀금속제품, 가죽제품, 고급 의류, 등이 주류산업을 이룬다. 이 도시 근교에 신흥 공업지대가 발전되어 예로부터 상공업의 중심지였다. 피렌체 면적은 102㎢, 인구는 대략 40만여 명에 이른다.

광장의 여러 곳을 구경하고서 조금 한적한 거리로 나왔다. 앞에는 그리 크지 않은 푸른 강물이 흐르고 있다. 피렌체 시내를 가로질러 흐르고 있는 아르노 강을 남북으로 이어 주는 여러 다리 중 가장 오래되고 유명한 베키오 다리가 있다. 이 다리는 교 곽이 튼튼하고 4층으로 만들어진 특수한 교량으로 금속 공예품과 액세서리를 파는 상점이 모여 있다.

르네상스 이후 금속 공예품을 만들었던 장인의 작업장과 제품 전시공간의 흔적이 고스란히 남아 있으며 피렌체가 이탈리아를 대표하는 보석, 귀금속 공예품 도시로 명성을 얻는 데 크게 기여했던 곳이라고 한다.

아르노 강에 파란 물결을 헤치며 한가로이 떠도는 보트가 강변 경치와 잘 어울려 한 폭의 풍경화로 다가온다. 아르노 강변의 잘 정돈된 아름다운 건물과 강변을 따라서 도로가 쭉 이어져 있다.

이제 관광을 마치고 Padova로 향해서 달리고 있다. 해가 저물어 Hotel Giardino에 투숙했다, 아담하고 깨끗한 호텔이며 뒤쪽으로 조용한 방들이 많이 있어 편안히 휴식을 취할 수 있어서 좋았다.

9. 신전 판테온(Pantheon)

주위를 관광하며 코로스 거리(Via del Corso)에 진입했다. 로마 시가지의 중심거리이다. 이 거리는 하루 종일 자등차, 관광객이 붐비는 거리로 고색 찬란한 건물과 상점이 즐비하게 들어서 있다.

프랑스의 대문호 스탕달(Stendhal)은 '우주에서 가장 아름다운 거리'라고 감탄사를 연발할 정도로 빼어난 거리르서 모든 관광객이 즐거워하는 거리이다. 그 번화한 거리를 벗어나면 그렇게 복잡한 도로는 사라지고 또 다른 로마의 얼굴, 바로크와 르네상스 양식의 고풍스러운 중세 모습의 수려한 풍경이 펼쳐진다. 그 거리에서 끝나는 뒤안길 광장 한편에 고대 로마 신의 세계 판테온이 눈앞에 들어선다.

신전 판테온 전경

 판테온 신전 앞이다. 세계 관광객이 밀려들어 인산인해를 이른다. 원추형 기둥이 높이 쭉 쭉 벋어 시원스레 올라갔다. 판테온은 그리스어로 '모든 신들'이라는 뜻이며, 올림포스 신들에게 제사를 지내던 곳이라고 한다. 판테온 신전의 '판(pan)'은 '모든'의 뜻이고, '테온(theon)'은 '신'의 뜻으로 결국 '모든 신의 신전'이란 의미라고 말하며 성당이나 건축물의 표본으로 사용한 건축물이라고 한다.

 판테온 신전은 서기 27년 아우구스투스 대제의 사위였던 마르쿠스 빕 사우니스 아그리파가 그리스도 탄생 이전에 당시 로마의 모든 신을 위하여 지은 신전이다.

마르쿠스 빕 사우니스 아그리파는 '아우구스투스 황제'에게 신전을 헌정하고 뒤이어 로마 황제에 오른다.

서기 609년에 다시 성모 마리아에게 헌정됨으로써 역대 교황의 관심 속에 거의 원형 그대로 보존되었다. 이 건물은 고대 로마 건축 중에 가장 훌륭한 걸 작품이라고 한다.

그리스 시대 이후 고대 로마의 신전 중에서 가장 크며 완전한 형태로 남아있는 신전이다.

이 신전은 원형 평면의 건축물로서 특이하게 건축한 신전이다. 내부 시설은 사각, 원추형, 원형의 복합된 보라색 대리석으로 건축한 가장 완벽하고 신비로운 신전이다. 판테온 신전은 단순해 보이지만 후세에 천재 조각가 미켈란젤로도 세밀한 설계에 격찬과 찬사를 보냈다고 한다.

4곳에 타원형의 흔적이 표시되어 있다.

둥근 모양의 6m 정도 되는 원통형의 돔이 받쳐주는 신전의 높이와 넓이(지름)의 규모는 43.30m의 완벽한 균형을 이루고 있다. 돔 위로 직경 9m의 천장이 뚫려 있어서 그 구멍을 통해서 햇빛이 들어와 신전 안이 환하다. 비가 내려도 신전 내에 물기가 떨어지지 않는 신비한 구조로 건축되어 있다. 천장 한가운데 이런 구멍이 있어도 비가 떨어지지 않는 것은 실내의 대류 현상을 응용한 과학의 원리가 숨어 있기 때문이라고 한다.

고대 로마인의 수준 높은 건축술을 엿보게 한다. 실제로 그날 하늘에서 비가 내렸다. 혹시나 관광객이 이 완벽한 신전의 신비한 광경을 체험이라도 하라는 것처럼 비가 내렸으나 빗방울을 맞았다는 사람은 하나도 없었다. 참으로 신기한 구조의 신전 건물이다.

신전 내부 시설, 사각, 원주, 원형의 복합된 보라색 대리석 벽면

  중앙의 보라색 대리석 벽 빛깔과 다른 작은 여섯 벽 색깔이 잘 어울려 아주 아름다운 조화를 이루고 있다. 여기 이 신전에는 '비토리오 애마 누엘 2세'와 '움 바를 또 1세 황제', '페린 델 바가', '안니 발레 카라치', '타 데오 쥬 카리', 특히 '라파엘 산지도' 예술가 등 여러 사람의 묘가 있다.

  마차를 타고서 한가로이 로마 시내를 관광하는 여행객을 곳곳에서 볼 수가 있다. 우리 일행은 다음 목적지 트레비 분수대를 향하고 있다. 트레비 분수대의 이정표가 바로 눈앞에 들어와 가까이 있음을 짐작할 수가 있었다.

10. 영화 배경의 트레비 분수(Fontana de Trevi)

맑은 물이 콸콸 쏟아지는 푸르른 둥근 연못 주위에 세계 각지에서 몰려온 관광객이 환호성을 지르며 북적거린다. Trevi는 삼거리라는 뜻으로 세 개의 길이 한데 모인다는 대서 유래한 말이란다.

1732년 당시 교황 13세 클라멘스에 의해 주최한 분수 설계 공모전에서 우승한 니콜라 살비(Nichola Sevi)의 작품에서 시작한다. 그의 사후 1762년에 완성한다.

그 이름도 유명한 트레비 분수는 로마의 트레비 구역에 있는 자그마한 폴리 궁전 앞에 여러 조각상으로 조밀하게 꾸며져 있다. 트레비 분수는 높이 26m, 너비 20m 규모로 거대한 반수반인 해신 半人半獸 海神 트리톤이 이끄는 전차 위에 해신 넵튠 상이 조개를 밟고 서 있는 모습이 인성적이다. 조각 형태는 바로크 양식이다, 주위의 큰 바위 사이에서 끊임없이 물이 흘러나와 연못을 이룬다. 분수에서 흘러나오는 물은 로마에서 22km 떨어진 살로네 샘으로부터 연결되어 있다고 한다.

복잡한 로마 시내에서 맑고 깨끗한 파란 물이 하얀 대리석 사이로 솟구치는 분수대는 도심 속의 혼잡과 복잡한 인간사의 어려움을 털어내는 청량제 역할을 톡톡히 하는 신선한 물로서 시원한 분위기를 연출하고 있다. 지하에서 샘솟는 맑고 푸르른 트레비 분수는 세계 각국의 관광객을 한데 모으는 중심 역할을 하고 있다.

영화 「라 돌체 비타」에서 여주인공 '아니타 에그 버그'가 좋은 연기로 많은 선남선녀의 마음을 흥분케 했던 트레비 분수는 그 이후 여러 번 영화 배경의 무대가 되기도 한다.

「로마의 휴일」에 등장한 '오드리 헵번'이 바로 여기 트레비 분수대 옆 도로변에서 영화를 촬영했다고 전하는 신발 점포도 보인다.

영화 「라 돌체 비타」에서 여주인공 '아니타 에그 버그' 연기로 더욱 유명해진 트레비 분수

트레비 분수를 뒤로 한 채 동전을 던지는 놀이는 오래전부터 전해 내려오는 전설에 의한 관습이라고 한다. 오른손에 동전을 쥐고서 왼쪽 어깨너머로 분수에 던져 넣으면 로마에 다시 올 수 있고, 2번 던져 넣으면 연인과의 소원을 이루고, 3번을 던져 넣으면 꿈과 희망이 이루어진다고 한다.

9월 중순인데도 불구하고 로마 날씨는 무척 더웠다. 많은 관광객이 더위에 못 견디어 아이스크림을 사려고 점포 앞 대기 열에서 서성이고 있다.

시원하고 맛있게 보이는 여러 종류의 연녹색, 연분홍, 아이보리 등 화려한 색깔의 아이스크림은 주변에서 오가고 서성이는 손님의 눈길을 유혹하고 있다. 이곳은 영화에 자주 등장하는 유명한 아이스크림 점포라고 한다. 크고 둥글게 얹어준 시원하고 달콤한 아이스크림은 개당 가격이 2.5 유로(그 당시 한화 3,750원)이다.

더위에 간편 복장 차림을 하고 늘씬한 긴 다리를 쭉 뻗고 거니는 로마 아가씨들이 더욱 매력적으로 다가온다. 예로부터 내려오는 골목길도 작은 조약돌로 포장해서 도로 표면이 울퉁불퉁하다. 하이힐을 신은 아가씨들은 이 길을 따라서 걷기가 좀 불편할 것 같은 예감에 괜한 걱정이 든다.

다음 여행지로 가는 도중에 조그만 건물 창살 넘어 얼굴 모양을 한 하수구 뚜껑이 보인다.

우리는 호기심이 발동해서 건물 내에 들어가 자세히 들여다보았다.

진실의 입(Bocca Delia Verita)이라고 부르는 해신 트리톤의 얼굴을 새긴 원형 석판은 원래 로마 시대 하수구 뚜껑이라고 한다. 간단한 전시실에 지하 하수구 덮개 뚜껑을 전시하고 있다. 하수구 입에 손을 넣고 거짓말을 하면 입을 닫아 손목을 자른다는 무서운 전설이 내려오고 있다.

관광객이 하수구 구멍에 손을 넣고 기념사진을 찍고 있다, 이 하수구 구멍에 손을 넣으며 손목이 잘린다고 아픈 시늉을 하는 영화 장면이 나온 적이 있었다. 관광객은 이와 같은 장면을 연출하기 위해 손목을 구멍에 넣어 아픈 시늉을 하며 동료들에게 즐거움을 선사해 주고 있다.

진실의 입, 하수구 구멍에 손을 넣고 아픈 시늉을 하는 관광객

거기서 구경을 하고서 약간 경사진 언덕으로 오르고 있었다.

바로 옆에 있는 건물은 로마 시청 소속 봉사 센터라고 표시되어 있어 내부를 유심히 둘러보니 예쁜 아가씨가 환한 얼굴로 반긴다.

이제 그곳도 주위를 돌아가며 구경하고서 고대 로마 발상지로 들어서고 있다.

포로 로마노(Foro Romano)는 로마시대 시가지 옛 공공 광장이다. 폐허로 둘러싸인 낡은 건축물이 주위에 널려 있다. 고대 로마 시가지 원형을 그대로 보존하고 있는 지역이다.

이곳은 고대 로마 사람의 생활 중심지로 현재는 우뚝 솟은 기둥과 흩어진 돌덩이와 폐허로 허물어진 건물 잔해로 보이지만 원래는 정치, 종교, 상업의 중심지로서 시민이 모여 살던 곳이다.

필라 티노와 캄피돌리오 언덕 사이 낮은 지역과 구릉지 언덕에 모여 살던 사람들의 자연스러운 교류 장소로서 기원전 1세기경 시저와 아우구스투스가 기초를 닦은 후에 공화정 시대를 열었던 곳이다. 이 주위에는 여러 신전, 원로원, 공회당 건물이 들어서 전성기를 누렸다. 그러나 제정 시대가 지나며 공회정의 기능이 쇠퇴하면서 정치 활동의 중심이 황제의 궁전이 있는 팔라 티노 언덕으로 옮겨져 포로 로마노는 쇠퇴의 길로 접어들게 되었다고 전한다.

포로 로마노는 로마시대 시가지 공공광장

서기 283년 대화재와 로마가 몰락한 이후 일부 건물만 사용하다가 자연 그대로 방치해 두었다. 오랜 세월 풍상에 훼손되어 내려오다가 19세기 후반에 이 지역을 발굴하기 시작해 오늘에 이른다.

고대로마의 꽁꼬르디아, 베스타 신전과 로마 시가지 중앙을 가로질러 뻗어 나간 가장 오래된 길로서 카피틀리니 언덕에서 주피터 신전을 지나 티투스 개선문까지 이어지는 고대 로마의 중심지이다. 이 길가에는 콘스탄티누스 개선문, 셉티미우스 세베루스, 티투스 황제의 승전을 칭송하는 개선문이 들어서 있다.

　전쟁에서 승리한 개선장군과 병사가 근엄한 군사 퍼레이드를 하며 열병하는 모습이 상상의 나래를 타고서 머리에 그려진다.

　바로 우측에 보이는 건물이 '안토니우스와 파우스티나'의 신전이라고 한다. 아름다운 건물, 원로원, 바실리카 에밀리아, 포커 황제 기념 원주 등 주위 건물 배치가 조화롭고 화려했던 지난날 역사의 한 페이지를 보여주고 있다.

　이곳을 한참 둘러보고서 건물을 돌아서 고색 찬란한 로마시청 광장으로 나왔다. 시청광장 아래에는 관광객을 태우기 위해서 화려하게 치장한 관광용 마차가 대기하고 있다.

　다음 관광지는 쇠사슬을 전시하고 있는 성 베드로 성당이다. 예루살렘과 로마에서 베드로 성인을 묶었던 쇠사슬(in Vin coli)을 청동 도금함에 보관해서 전시하고 있다. 그 당시 이교도에 대한 박해 장면을 잔인하게 다룬 영상이 머리를 스쳐 간다. 성당 내부 시설이 흰 대리석으로 건축되어 화려하고 깨끗해서 종교적인 숭고함과 신선함을 동시에 보여주고 있다.

　우리 일행은 거리를 따라서 앞으로 걸어가고 있다. 저 멀리 질그릇 모형의 건축물이 눈앞에 다가온다. 영화 장면에서 많이 보아 왔던 둥그런 벽면 일부가 깨져 나간 원형경기장 콜로세움이다.

11. 검투사 투기장, 콜로세움(Colosseum)

　콜로세움(Colosseum)은 로마 국력의 상징이다. 시설 규모와 웅장함에 잠시 입이 벌어져 놀라워했다.
　콜로세움의 정식 명칭은 '플라비오의 원형경기장'이며 라틴어로는 Colossus로 '거대하다'라는 뜻이다.
　원형경기장은 로마의 정치 중심지 포로 로마노와 근접 거리에 있다. 공공 광장 거리를 따라서 티투스 황제의 개선문을 지나면 앞에 거대한 콜로세움의 원형경기장이 다가온다.
　원형경기장의 모양과 형태는 둥그런 질그릇 같이 생겼고 직경의 긴 쪽이 188m, 짧은 쪽 156m, 둘레 527m, 최고 높이 57m에 이른다. 모양은 타원형에 외벽 높이 48m, 전면에 80개의 아치가 달려 있다.
　4층 높이로서 로마 '플라비우스 왕조 베스파시아누스 황제'가 착공하여 4만여 명의 인원을 동원해 그의 아들 '티투스 황제'가 서기 80년에 완공했다고 전한다. '벨라 리움'이라는 차양이 있어 관람객의 햇빛을 가려주는 역할을 하는 장치도 있어 현대시설에 뒤떨어지지 않는다고 한다.
　옛날에는 투기장으로 이용한 원형경기장은 검투사(글라디아트르)의 시합과 맹수와의 격투 등, 그리스도 박해시대는 신도 학살장소로도 이용해 유명하다.
　"그럼 왜, 거대한 인력을 동원해 원형 경기장을 건설했을까?" 하고 의문이 든다.

로마제국은 검투사뿐만 아니라 수많은 노예가 있었다. 농장일, 가정의 잡일부터 사회 각계각층의 교육, 의료전문 분야에 이르기까지 노예의 활동 범위는 광범위했다. 해외 여러 나라와 전쟁을 통해서 거의 무한대로 노예를 공급받을 수가 있는 사회 현상도 한 목 했다.

원형경기장 콜로세움 전경

　로마의 국력 신장은 기본적으로 귀족과 서민이라는 양대 계급으로 구분되어 있었지만, 정치 시스템의 유연성은 노예라도 능력과 돈이 있으면 신분 상승으로 무슨 분야든 종사할 기회가 주어진다.
　거대한 콜로세움을 세운 베스파시아누스 황제도 전통적인 로마의 엘리트 계층의 원로원 출신이 아니고 평범한 중류층 출신의 보통 사람이었다. 그는 전쟁에서 전공을 세워 황제에 오른 입지전적인 인물이다. 정치하고는 인연이 없었으나 원로원과 로마 시민의 적극적인 후원과 환호로 권좌에 오르게 된다. 그는 황제에 오른 후에 원로원 개편 작업에 들어간다. 출신 계급에 상관없이 능력 있는 인재를 발굴 등용해서 로마제국의 기초를 더 다졌다. 콜로세움 건축은 베스파시아누스 황제가 권좌에 오를 수 있도록 지원해준 로마 시민에게 감사의 뜻이 들어 있다.

검투사들은 거대한 원형경기장 안에서 사나운 맹수, 노예와 목숨을 걸고 싸웠다.

원형경기장에 가득 메운 로마 시민은 검투사의 결투를 보면서 스릴을 느끼고 손에 땀을 쥐고서 열광과 환호하며 즐거워했다. 이렇게 잔인한 검투사의 결투는 거의 매일 벌어졌다. 오랜 세월 결투를 벌이며 죽지 않고 산 검투사는 스타 반열에 오르는 영광을 누리기도 했다. 나중에는 스타의 반열에 오르기 위해 신분을 가리지 않고 검투사에 뛰어드는 사람도 있었다고 전한다.

외벽은 석회석으로 장식했고, 하단부터 도리스식-이오니아식-코린트식의 원주 아치형이며 방사형으로 조화를 이루고 있다. 계단식 좌석은 대략 5만여 명을 수용하는 대규모 경기장이다.

2,000여 년 세월 동안 전쟁과 지진의 피해를 겪었지만 지금도 거의 원형을 그대로 유지하고 있어 고대 로마의 뛰어난 건축 기술을 엿볼 수 있다. 그 시설의 웅장함에 기념사진을 찍느라고 분주히 주위를 돌아보고 있다. 우리 일행은 이곳에서 나와 다음 여행코스로 이동하고 있다.

12. 성스러운 바티칸 교황청(Vatican)

　바티칸 로마 교황청에 들어가는 입구 앞이다. 철저한 보안 검사로 여행객이 줄 서서 대기하고 있다. 너무 많은 인파가 한데 몰려들어 순서를 기다려야 한다. 이제 관광객에 떠밀려 안으로 밀려들어 가고 있다. 바티칸 로마 교황청은 전 세계 가톨릭의 총본산이다.
　이탈리아의 수도 로마의 한 부분을 차지하고 있는 로마 교황청은 교황이 지배하는 독립국이다. 넓이 0.44㎢로 인구는 대략 1천여 명이다.
　마리오 산과 자니 꼴로 언덕 사이에 있는 원형경기장에서 67년 성 베드로가 순교한 곳에 건설한 교황청은 주위에 높은 성으로 둘러싸여 있다. 콘스탄티누스 황제가 기독교 신자가 된 이후 성당이 지어지기 시작해서 500년대 심마 코 교황 시대부터 거처하기 시작했다고 전한다.
　13세기 창건한 바티칸 교황청에는 바티칸 궁전, 성 베드로 대성당, 박물관, 라파엘로 화랑, 성 베드로 광장, 성 안젤로의 고성 古城 등이 있다.
　바티칸 미술관(MUSEI VATICANI)은 교황궁 내에 있는 미술관으로서 1773년부터 운영해 왔다. 역대 로마 교황이 수집한 미술품, 고문서, 각종 자료를 전시하고 있다. 본관은 피오 클레멘티노 미술관, 도서관, 성聖 유물관, 회화관으로 구분되어 전시하고 있다. 바티칸 미술관을 관광하는 여행자는 천태만상의 옷차림에 각양각색의 모습으로 다가온다.

특히 시스티나 성당에는 미켈란젤로의 '천지창조와 최후의 심판'으로 유명한 성화가 있는 곳이다.

미켈란젤로의 '최후의 심판'은 그리스도를 중심으로 한 성인 391인의 신비한 모습의 성화를 보여주고 있다, 또 미켈란젤로의 시스타나 성당의 천장화에는 '천지창조'의 성화가 창서기부터 시대별로 사건별로 크게 아홉 개의 그림 부분으로 나눠서 세밀하게 그려져 있다.

긴 회랑을 따라서 걷다 보면 지구 본 형태의 튼 공, 아름답고 섬세한 각종 조각품을 전시하고 활 궁처럼 휘어진 천장에는 화려하고 아름다운 성화로 가득 찼다.

제우스가 보낸 뱀에 휘감겨 고통받는 사제 라오콘과 그의 아들이 고통스러워하는 모습이 조각된 "라오콘" 조각상은 인간의 희로애락을 여실히 보여주고 있다. 그 외도 살아 움직이는 실물 같은 동물 조각상이 쭉 전시되어 눈길을 끈다.

조각상이 입고 있는 옷 주름의 섬세함이 바람에 휘날리듯 조각되어 세밀하게 돋보인다. 너무나 아름다운 천사 조각상, 화려하고 아름다운 천장 조각과 성화들, 회랑 천장에는 아름다운 조각과 성화가 하늘을 수놓은 듯 수려한 파노라마 영상으로 펼쳐진다.

고대 로마 지도가 현대 지도와 비교 시 조금 다른 모양으로 벽면에 걸려 있다. 화폭에 예수님과 그 제자들이 그려진 성화, 아름다운 돔형식의 천장에 화사한 성화, 천장에 깊고 심오한 뜻이 담겨 있는 여러 종류의 그림, 섬세하게 그려진 성화와 조각이 종교적인 환상의 세계로 빨려들게 만든다. 이 거대한 박물관에 전시하고 있는 성화, 조각품, 성물은 과연 예술의 진면목과 극치를 보여주고 있었다.

미켈란젤로의 그 유명한 작품 '피에타'가 보인다. 베드로 성당에서 미사를 드리는 신자들의 엄숙한 모습을 눈여겨보기도 했다. 광장 쪽으로 조금 앞으로 나오다 역대 로마 법왕 266명의 명단을 흰 대리석에 색인 게시판이 눈길을 끈다. 그 옆에 근무하는 바티칸 근위병의 근엄하고 엄숙한 자세가 어느 나라 군대와 다른 모습으로 비친다. 용감하고 성실한 스위스 근위병 200명이 교대로 근무한다고 한다.

바티칸 건물 중앙에 성 베드로 광장은 신도 30만여 명을 수용할 수 있는 넓은 광장이다. 중앙에는 25m 높이의 오벨리스크가 우뚝 서 있다.

성 베드로 대성당 자체가 십자가 모양을 하고 있다. 대 성당과 광장이 조화를 이루도록 전체의 조감도는 열쇠 모양을 하고 있다. 그리스도가 제자 베드로에게 천국으로 들어오는 문을 열 수 있도록 계시하는 '천국 문의 열쇠' 형상으로 배치한 건물이다. 이것은 가톨릭의 교권을 말한다. 또한 이 열쇠의 모양은 베드로의 상징이자 교황청의 권위를 나타내고 있다.

바티칸 교황청은 세계에서 가장 아름다운 궁전이며, 전체 방수가 1천 4백 개에 달한다. 대부분 미술관, 도서관으로 이용하고 있다. 바티칸 박물관은 영국 대영 박물관, 프랑스 루브르박물관과 함께 세계 3대 박물관에 속한다. 성 베드로 광장 둘레에는 12줄로

성베드로 대 광장

도열된 244개의 도리아식 원추 기둥이 서 있다. 기둥 위로 140 성인과 순교자 조각상이 설치되어 있다. 거대한 광장의 정면에는 성베드로 대성당이 웅장하게 들어서 있어 천국이 열리는 신비하고 화려한 모습의 완벽한 조화를 이루고 있다.

광장에서 바라보면 우측 건물이 교황이 기거하는 황궁 건물이다. 교황 선출 선거가 열리는 장소이다. 교황 선출 시 삼각지붕 위에 새로운 교황 선출(콘클라베(Conclave))을 알리는 굴뚝에서 흰 연기를 내뿜는 영상뉴스 장면을 연상해 보기도 했다. 황궁 외곽성은 높게 붉은 성곽으로 둘러쌓아 올렸다. 이탈리아 수도 로마 한복판에 고유의 종교적인 전통을 유지하며 세계를 지배하는 로마 교황청은 또 다른 큰 의미로 다가왔다.

13. 유명한 피사의 사탑 (Leaning Tower of Pisa)

피사의 사탑으로 접근하는 거리는 푸르고 무성한 상록수들이 질서정연하게 들어차 우리 일행을 맞이한다. 외지에서 수많은 관광객이 몰려들어 넓은 주차장에는 대소 규모 차량이 오가고 관광객이 편히 쉴 수 있는 여유로운 공간도 준비되어 있다. 주위 환경이 깨끗하고 청결하다. 우리 일행은 길 양쪽에 대소 건물과 점포로 이어진 거리를 따라서 피사의 사탑과 그 부속건물 방향으로 이동하고 있다.

피사의 사탑은 이탈리아 중부 토스카나 지방의 도시 피사의 두오모 광장에 있는 로마네스크 양식으로서 기둥같이 우뚝 솟은 특이한 흰 대리석 탑이다. 피사의 사탑은 대성당에 부속된 종탑이다.

두오모의 부속 종탑은 피사의 건축가 보나노 피사노가 1173년에 공사를 시작하고 1350년 시모네가 완공했다고 전해 내려온다.

당시 해운 왕국으로 번성하던 피사 제국이 사라센 제국과의 전쟁에서 승리를 기념하기 위하여 대성당과 종탑을 건설했다.

종탑은 1173년에 착공할 때부터 한쪽 지반이 약해 가라앉으면서 기울어지기 시작했다. 세계 7대 불가사의라고 칭하는 기울어진 탑의 모습을 보고서 그 이후에 대성당보다 더 유명해졌다. 건설 초기부터 조금씩 기울어지기 시작한 피사의 사탑은 유구한 세월을 지나며 자연의 풍화작용으로 모래 지반이 약해서 탑의 높이는 북쪽 55.2m, 남쪽 54.5m로 남쪽으로 5.5도 기울어져 있다.

이 방향에서 정면으로 바라보면 피사의 사탑이 완연이 오른쪽으로 약간 기울어진 모양새가 선명하게 보인다. 대년 1m씩 기울어져 1990년에 한계치에 가까운 4.5m 달해서 붕괴위험으로 2천4백만여 불의 정부 예산을 들여 11년 동안 최신에 공법 기술을 동원해서 보수공사를 실시해 2001년에 완공했다고 한다.

그해 12월부터 관광객 출입을 허용했지만, 탑의 훼손과 안전사고를 우려해 종탑 안으로 들어가려면 미리 예약을 하고, 1일 출입 인원을 제한한다. 그리고 반드시 가이드 지시에 따르도록 한다. 맑고 깨끗한 흰 대리석 종탑이 눈부시게 비추며 다가온다.

피사의 사탑 입구 앞에 입장 안내원이 보인다, 안내원을 따라서 종탑에 올라가면 한쪽으로 기울어진 탑과 함께 넘어질 것 같은 느낌이 들어 올라가 구경하는 것을 아쉽지만 단념했다.

탑 앞에서 위로 바라보고 있다. 붉고 파란 옷을 입은 관광객이 서 있는 바로 위 중앙 가운데에 종탑이 걸려 있고, 주위에 어린이 조각상 대비 피사의 사탑이 화려하게 보인다. 피사의 사탑을 비롯

피사의 사탑(Pisa Torre Pendente)과 두오모(Duemo) 성당

해 대성당과 세례 당, 납골당 등 두오모 광장(Piazza del Duomo)은 1987년에 유네스코 세계문화유산으로 등재되었다.

건물이 있는 맞은편 도로변에는 각종 기념품을 팔고 있는 점포들이 소로를 따라서 즐비하게 늘어서 있다. 이곳의 기념품 중에는 어린이의 꿈을 키워주는 피노키오 인형이 익살스럽고 귀엽게 보인다. 거짓말하면 점점 코가 길어지고 착한 일을 하면 훌륭하고 좋은 사람이 된다는 인형의 전통과 유래를 들려주고 있다. 각종 기념품을 들어보고 즐거워하고 있는 관광객이 여기저기서 보인다.

우리 일행은 영화, 그림엽서에서만 보아 왔고, 말만 듣던 유구한 역사와 고유의 미를 자랑하는 피사의 사탑을 구경하고서 다음 행선지로 출발했다.

산의 지형지물을 잘 이용해서 마을이 형성되어 있다. 산등성이에 대규모 군락을 이룬 마을이 등산을 타고서 다래로 쭉 뻗어 마을이 형성되어 있다. 유럽의 주택은 평지가 아닌 산등성이를 이용해서 시가지, 마을이 형성되어 있다. 이국의 정취를 신비하게 눈여겨보며, 자연환경에 잘 순응해서 사는 인간의 지혜가 돋보인다.

중세시대 전염병이 창궐하던 시대에 아무래도 평지보다는 더 깨끗하고 청결한 산등성이를 깎아서 주택을 지어 공동체를 이루고 사는 생활방식이 오랜 세월 지나며 정착되었으리라 생각한다. 주거지역은 신선하고 맑은 공기에 경치가 좋고 경사진 고갯마루를 오르내리며 건강을 유지하는 일석이조의 효과가 있는 생활의 지혜로 다가왔다.

14. 섬유패션의 중심도시, 밀라노(Milano)

장시간 여행을 하고 들어온 이 지역은 이탈리아 북부 롬바르디아 주의 주도이며 최대 경제 중심지 밀라노이다. 화려한 고층 건물과 유적이 곳곳에 자리 잡은 고풍스러운 거리가 눈에 들어온다. 이탈리아 제2의 도시, 밀라노의 인구는 300만여 명이 도시 중심과 교외에 퍼져 사는 국제, 다국적 도시이다. 경제도시에 걸맞게 도시 전체 인구의 15%가 외국인이다.

북쪽 알프스 산맥 주변에 공단이 조성되어 자동차, 기계, 의약, 섬유산업이 발전해 있다. 공업이 발전한 독일 다음으로 제조업이

성시를 이뤄 대기업의 본사가 모여 있다.

예로부터 고유한 전통이 살아 숨 쉬는 유서 깊은 두오모 대성당, 소프로체스코 성과 음악의 도시답게 전통을 이어오는 스칼라 오페라 하우스가 있다.

밀라노는 세계 패션과 디자인의 중심지이다. 『밀라노 컬렉션』은 파리, 뉴욕에 이어 세계 3대 패션쇼로 자리 잡아 해외로부터 많은 아티스트, 종사자가 참여한다.

자고로부터 양질의 섬유원단이 많이 생산되어 섬유를 재료로 한 명품 브랜드 패션 옷을 다양하게 생산해서 국내외로 팔려나가고 있다. 특히 중국인이 많이 들어와 섬유업 계통에 종사한다. 중국인은 한해 이탈리아에 300만여 명 이상이 관광차 방문한다.

더욱 전통적으로 섬유 계통 업에 종사하는 중국인과 중국 관광객이 한데 어울려 2020년 1월부터 코로나19를 전파하는 매개체 역할을 독특히 해 막대한 피해를 보았다. 그래서 이탈리아뿐만 아니라 유럽 전역에 코로나19가 창궐하는 계기를 마련했다.

우리는 거리를 따라서 걸으며 주위를 둘러보고서 빅토리오 에마누엘레 2세 백화점에 쇼핑하러 들어갔다. 수많은 관광객이 다니는 주 통로는 화려하고 예쁜 디자인의 패션 옷, 가방, 귀금속, 액세서리, 가죽제품 등이 즐비하게 전시되어 눈을 유혹하고 있다.

이탈리아의 유명한 두오모 성당으로 가는 번화가 명품거리에는 의류, 가방, 신발, 시계 등을 팔고 있다. 이탈리아 대표 브랜드 프라다, 구찌, 페라가모 등 명품이 즐비하다.

밀라노 두오모 대성당

 그곳에서 멀지 않은 곳에 두오모 성당의 겉모습이 은빛 찬란하게 빛나고 있다. 이곳은 밀라노 대주교구의 대성당이다. 성당은 1386년경부터 착공해 수많은 우여곡절 끝에 560여 년이 지난 1951년에 공사를 마무리했다.

 건축양식은 고딕식으로 측면에서 본 두오모 대성당은 135개 십자가 소 첨탑이 하늘로 치솟아 화려하고 웅장하다. 성당의 꼭대기에 황금색 성모 마리아상과 수많은 성인 조각상이 장식되어 눈부시게 찬란하다. 엘리베이터를 타고 70m 높이의 루프탑 테라스 전망대에 올라 시가지의 찬란한 경관을 볼 수 있어 많은 여행객으로 인산인해를 이룬다.

 레오나르도 다빈치 국립 과학기술 박물관은 그 시대의 그림, 조각상, 유물을 전시하고 있다.

중세기 르네상스 시대 유명한 화가이며 조각가인 레오나르도 다빈치는 20여 년 동안 밀라노에서 세기의 대 걸작 『최후의 만찬』 등 작품 활동하던 곳으로 이름나 있다. 레오나르도 다빈치 탄생 500주년을 기념하기 위해 1953년에 개관한 국립박물관이다.

중세시대 구축한 소포르체스코 성곽(Castello Sforzesco)은 거의 평지에 정사각형 모양으로 반듯하게 지어져 있다. 적을 방어하기 위한 요새화한 성곽이다. 두오모 성당과 근접 거리에 있다. 15세기 밀라노 영주인 프란체스코 스포르싸에 의해 축성되었다. 수시로 필요에 의해 재개축 보완해서 오늘날과 같은 성곽의 모습을 띠고 있다.

소포르체스코 성 내부는 시립 박물관과 예술품 전시장으로 쓰고 있다. 성곽 주변에 넓은 공원이 있어 밀라노 시민의 휴식처로도 이용하고 있다.

오페라의 전설을 전하는 스칼라 오페라 극장은 원래 두칼레 극장이었으나 화재로 소실되었다가 개축해 사용하던 중에 제2차 대전 시 훼손되어 재보수 후 화려한 모습의 시설로 재단장 했다. 파리, 빈과 더불어 유럽 3대 오페라 하우스로 명성이 있는 곳으로 세계의 음악계를 이끌어 가는 유명한 오페라 극장이다. 해외 여러 나라에서 음악을 배우러 오는 유학생이 많다.

그동안 「노루마」, 「오텔로」, 「나비부인」 등 여러 명작을 실연한 역사가 서려 있다. 언제나 일류 지휘자와 유명한 성악가 출연으로 인기가 높다.

오랜 전통을 계승하는 관현악단, 합창단도 상설되어 있다. 실내 오페라를 상연하는 소극장이나 오페라 박물관, 발레학교 등의 시설도 병행 운영하고 있다.

밀라노의 이름 있는 명소를 구경하고 고색 찬란한 대리석 호텔 3층에 자리를 잡았다. 얼마나 견고하게 잘 지었는지 1천여 년이 지난 지금도 현대 시설과 별반 차이가 없다. 잠자는 데도 전연 불편함이 없었다. 수백 년 동안 유적에 가까운 고대 건물이 무수한 세월을 지나며 현대시설과 별반 차이 없이 이용하는데 놀랐다. 현대 건축물과 비교 시 단지 부족하다면 전기 시설과 엘리베이터가 없다는 사실이 흠이다.

근접 거리에 있는 중국음식점 만진 루에서 저녁식사를 했다, 시설이 널고 환해서 좋았다. 손님이 너무 많아서 그런지 음식과 서비스가 별로 좋지 않았다.

15 인공 수중도시 베네치아(Venezia)

베네치아는 일명 베니스라고도 부른다. 우리는 베네치아에 들어가려고 선착장으로 가고 있다. 항구에는 대소규모 크루즈 선박이 부두를 따라서 즐비하게 정박해 있다. 우리가 베네치아로 타고 갈 날렵한 유람선이 항구에 정박해 있다.

베네치아로 가는 바다 길목에는 여러 척의 유람선이 세찬 파도를 일으키며 빠른 속도로 오가고 있다. 출렁이는 파도가 얼마나 센지 뱃머리 유리창을 때려서 하얀 포말이 산산이 부서진다. 수로 양옆 육지에는 수산물 가공 공장을 비롯한 많은 건물이 보인다.

우리를 태우고 한참 달려온 쾌속선이 베네치아 항구에 도착했다, 앞에 보이는 성 마르크 대성당 지붕은 둥근 돔이 크게 돋보인다. 산마르코 광장의 높은 전망대 건물이 멀리서도 눈 안에 들어온다. 쾌속선이 닿는 곳은 바다에서 베네치아로 들어가는 주 통로 물길 선착장이라고 한다. 바로 앞에 아름다운 건물과 '탄식의 다리'가 다가온다. 옆에서 수상택시가 물살을 가르며 쏜살같이 지나간다. 선착장에 도착한 우리는 내륙 마을로 들어갔다.

인공으로 만든 땅에 옛날 사용하던 우물이 둥그런 덮개에 씌어 유물로 관리되고 있다. 얕은 바다를 간척한 여기에 우물이 있다니 생각만 해도 보통 상식을 뛰어넘는 기발한 발상이라고 생각이 든다. 짜디짠 바닷물이 스며들어 순수한 물의 역할을 못 할 것 같은 생각에 과연 그 시절 우물에서 퍼 올린 물맛은 엇댔을까?

그 샘물로 어떻게 생활했는지 고개를 가우둥 하며 아직도 의문이 안 풀린다.

식수가 부족한 이런 자연환경에서 사는 세계 여러 곳의 생활관습을 잠시 생각해 보았다. 주택 지붕 또는 큰 건물의 지붕으로부터 빗물을 받아 큰 용기에 저장했다가 쓰는 경우가 많았다.

베네치아는 이탈리아반도 위쪽 아드리아 해 북동쪽 베네치아 만에 있는 항구도시이다, 크로아티아와 마주 보고 있는 해안에 위치하고 있다. 베네치아는 개펄을 메운 수상 도시라고 한다.

곤도라, 유람선 선착장

　베네치아는 독특한 섬의 아름다움과 화려한 건축물이 바다에 떠 있어 낭만이 흐르지만 대략 1,500여 년 전에 고대 로마 말기 북부 평원에 살던 평민이 훈족의 침략과 노략질을 피해서 바다 가운데 갈대와 우거진 숲으로 둘러싸인 베네치아 섬으로 숨어들어 몸을 피신한 지역이다.

　바닷물이 들락거리는 개펄 위에 통나무를 박아 나무 사이에 흙을 채우고 돌을 섞어 넣고 그 위에 흙을 쌓아 토지 기반을 만들어 지금의 베네치아를 건설했다고 한다. 드넓은 인공도시를 조성하느라 수백 년 동안 악전고투하며 얼마나 힘든 세월을 보냈을까를 생각하니 상상이 안 간다.

　그런 악조건 속에서 겨울의 찬바람과 휘몰아치는 세파를 견디며 섬을 개발해 살아남기 위한 하나의 도피처이었다. 무수한 세월을 보내며 섬을 넓히고 보강해서 사람이 살 수 있도록 가꾸어 오늘날에는 유럽과 아시아, 아프리카로 이어주는 중계무역과 해상기지로 발전하게 되었다.

베네치아는 북동쪽에서 남서쪽까지 약 52km로 뻗은 초승달 모양의 간척지 중심부에 자리 잡고 있다. 이 도시가 처음 만들어질 때는 작은 섬을 중심으로 개펄이 길게는 3km, 너비는 2km의 모래와 습지가 군도를 이르고 있었다. 6세기부터 120개의 섬을 이어서 간척을 시작해 섬 사이를 이어주는 수로 역할을 했다. 도시 면적은 4백여 km² 규모로 확장되었고 인구는 대략 30만여 명이 현재 살고 있다.

베네치아 지도를 보고 내륙의 도시 지형이 어떻게 생겼는지 그 유래를 알아볼 수 있다.

베네치아는 S자를 뒤집어 놓은 형태의 대운하가 도심을 가로지르고, 여기서 갈라진 작은 운하들이 실핏줄처럼 여러 지역으로 뻗어 나가며 연결되어 있다.

아름다운 인공 수중도시 베네치아는 섬을 연결해 주는 중심 수로인 그란데 운하 2개가 도시 중심을 통과한다. 운하의 너비는 대략 40m~70m이며 평균 수심이 3m이다. 그란데 운하 주위에는 도시가 발달해서 관공서 건물, 상업용 건물, 저택, 교회, 해상 주유소 등이 즐비하다.

19세기까지 안토니오 다 폰테가 설계한 리알토 다리가 그란데 운하를 가로지르는 유일한 교량이었으나 후에 교량이 2개 더 건설되었다. 지금은 4백여 개에 달하는 베네치아 교량들 가운데 가장 유명한 것은 베네치아 공화국의 감옥과 팔라초 두칼레(도제의 궁전) 궁의 법정과 연결된 운하를 가로 건너는 짧은 교량 '한탄의 다리'이다.

베네치아 지도

　죄수들이 두칼레 궁전의 법원에서 판결 받고 감옥으로 들어가는 도중에 있는 다리이다. 이 다리를 건널 때 찬란한 햇빛에 출렁이는 푸른 물결이 너무 아름다워 잠시 멈칫 자신의 처지를 한탄하며 지금 들어가면 언제 풀려나오나 하고 먼 하늘을 바라보고 크게 한숨짓는 모습을 보고서 부쳐진 이름으로 '탄식의 다리'라고 불렀다. 이 다리를 건너간 사람 중에 단 한 사람이 탈출에 성공했다. 그 사람이 바로 세계적인 바람둥이로 유명한 카사노바라고 한다. 탄식의 다리를 넘어서면 바로 아래 콘도라 선착장이 나온다.

해외 문물이 왕성하게 교역하던 시절 베네치아는 건축양식도 다양하게 나타나고 있다. 비잔틴·고딕·바로크 양식 등이다. 그 당시 간척지 주변으로부터 150㎞ 반경까지 지금의 베네치아를 형성하고 있었다. 수로를 이용하는 콘도라의 낭만적인 분위기로 잘 알려진 이곳은 계절에 따라 차이는 있지만, 주민의 대다수가 관광업과 유리제품·직물류를 생산하며 관련 산업에 종사하고 있다.

세계는 이처럼 바다와 강의 늪지대를 간척해서 조성한 유명한 도시가 많다.

러시아 표트르 대제는 1712년에 모스크바에서 북쪽으로 대략 650km 거리이고 북극권에서 남쪽으로 불과 7° 정도 떨어져 있는 러시아 연방 서부 끝에서 발트 해로 진출하는 상트 페테브르크(Saint Petersburg) 계획도시를 조성했다. 대략 5백만여 명이 현재 살고 있다. 그 당시 바다, 네바 강과 늪지대를 간척해서 새로운 강과 운하를 만들고 1백여 개의 섬을 3백여 개의 다리로 연결한 인공 도시로서 "북방의 베네치아"라고 부른다.

러시아 인이 레닌그라드라고도 부르는 제2의 대도시 상트 페테브르크는 그 이후에 해외 유럽 여러 나라와 문물이 거래되는 주요 항구 도시로 발전했다. 베네치아 못지않게 운하가 잘 발달해 있고, 고층 건물, 큰 규모의 유적과 유명한 박물관이 도심에 들어서고 시내는 잘 정돈된 공원이 많다.

또 예를 더 들어보자.

네덜란드는 풍차의 나라이다.

국토의 6분의 1은 바다보다 낮은 저지대로 풍차를 이용해 간척해서 제방을 쌓고 일부는 번화한 도시를 조성하고, 나머지는 농토, 목초지, 화훼농장 등을 만들어 낙농업과 꽃을 재배해 세계 각국으로 팔려나간다.

우리나라의 경우는 인천 앞바다를 간척한 송도 신시가지가 이에 해당한다.

베네치아
성광웅

인간의 역사가 고스란히 살아 숨 쉬는 곳
그 이름도 장하도다. 수중도시 베네치아

고대 로마 말기 훈족의 침략을 피해
바다 한가운데 갈대밭으로 쫓겨서 피신한 곳

바닷물 들락거리는 개펄에 통나무 박아 흙 채우고
찬바람 휘몰아치는 세파에 돌로 꿈을 쌓은 곳
무수한 세월 보내며 역사로 엮어낸 희망의 도시

번창한 문화예술의 현대 도시, 중계무역과 해상기지로
명성을 날려 문명의 꽃을 피운 인공 수중도시 베네치아여!

수 세기 동안 베네치아의 사회·정치 중심지였던 산마르코 광장은 이탈리아뿐만 아니라 해외에서도 유명한 광장으로 통한다. 이 광장의 3면에는 아치로 이어진 회랑이 있다. 높이 99m인 캠퍼닐리 종루가 서 있다. 광장의 출입구는 그란데 운하와 넓은 산마르코 저지대가 만나는 장소에 있다. 산마르코 광장에는 사무실과 골동품 상점이 빼곡히 들어차 관광객을 유혹한다.

현재 베네치아는 우기 때 홍수와 지반 침하 등 여러 가지 자연현상과 지구 온난화로 해수면이 점점 상승하면서 어느 지역은 물이 차서 올라오기도 한다. 그런 자연환경으로 옛 건축물과 예술품의 노후화가 진행되어서 고유한 명맥을 이어온 베네치아를 구하자는 자연정화 운동을 전개하고 있다. 해수면 상승으로 도시가 범람하는 현상을 예방하기 위해 기술적으로 고안한 여러 방벽이 표본실험에 들어가고 실행에 옮기고 있다.

베네치아의 교통수단은 주로 수로를 이용해서 왕래한다. 실제로 수상 택시와 버스, 경찰 쾌속선, 노를 저어 움직이는 곤돌라 등 모든 형태의 수상운송 수단이 운하와 좁은 수로를 따라서 운행하고 있다.

도심에는 자동차 운행을 금지하기 때문에 간선도로를 이용해 구시가지까지 들어온 자동차는 시 외곽 주차장에 세워놓아야 한다. 이 간선도로를 따라서 철도 교량이 연결되어 있다. 항공편은 마르코 폴로 국제공항을 이용하고, 승객은 수로를 따라서 모터보트를 이용해 이동한다.

안토니오 비발디(Antonio Vivaldi, 1678~1741)는 베네치아에서 태어나 생애 대부분을 이곳에서 보냈다. 그는 이탈리아 베네치아의 성직자, 작곡가, 바이올린 연주자로 유명하며 그의 공적을 기록한 기념비가 도시 한가운데에 서 있다.

베네치아에는 국제 미술 비엔날레와 베네치아 영화제, 각종 문화 카니발 행사가 년 중 계속 열린다.

특히 국제 베네치아 영화제는 1932년부터 시작해서 매년 개최한다.

세계 3대 영화제는 독일 베를린 영화제. 프랑스 칸 영화제, 이탈리아 베네치아 영화제를 꼽는다.

1987년 영화 『씨받이』로 배우 강수연이 여우주연상을 수상했다.

2002년 출품된 『오아시스』로 이창동 감독이 감독상을 문소리 여배우가 신인 여우상을 수상했다.

김기덕 감독은 2004년 『빈집』, 2012년 『피에타』로 감독상을 수상한 바 있다. 그래서 한국과 인연이 깊다.

2007년 프랑스 칸 영화제에서 전도연 배우가 『밀양』으로 수상한 바 있다.

2017년 독일 베를린 영화제 시상식에서 여우주연상으로 김민희가 수상했다. 수상작품은 홍상수 감독 영화 제목 『밤의 해변에서 혼자』에서 이었다.

산마르코 광장은 베네치아의 중심지이다, 건물이 둘러싼 광장은 좌측 건물이 두칼레 궁이며, 아름다운 흰색의 건물로서 베네치아 건축문화의 가장 대표적인 건물이다.

서기 1,200년경에 베네치아 왕국은 프랑스와 연합해 십자군 원

산마르크 광장 정면에 보이는 성 마르코 대성당

정에 동맹으로 참전한다.

비잔틴제국의 수도 콘스탄티 노블을 둘러싼 방어 성벽은 900여 년간 난공불락으로 자랑하며 버텨 왔다. 비잔틴제국은 용맹한 십자군의 총공세와 공성전에 의해 힘없이 무너져 정복되었다.

비잔틴 제국 수도 콘스탄티 노블 함락 시 네 마리의 대형 청동마상을 가져온 대표적인 전리품이 있다.

그때 가져온 네 마리의 대형 청동마상은 성 마르코 대성당 입구에 현재 전시하고 있다.

우리는 산 마르크 광장의 모습을 둘러보고 인공수로를 따라서 물가에 인접한 건물, 점포, 음식점을 구경하며 순회하고 있다. 어떻게 물가에 인접해서 건물을 짓고 조그만 배를 이용해서 출퇴근하고, 장을 보고, 음식점에서 동료, 가족과 식사도 하고, 음악, 예술 등 일상생활을 자연에 순응하며 살고 있는지 궁금해서 현장을 체험하며, 주민의 일거수일투족을 눈여겨보았으나 전연 불편함 없이 행복한 생활을 하고 있었다..

출렁이는 흰 포말이 이는 물결을 헤치며 오가는 배를 따라서 갈매기가 날며 사람을 반긴다. 이런 인공 수중 도시에 사는 모습을 보러 세계 여러 나라의 관광객이 끊임없이 찾아들어 오고 있다.

기념품 점포에는 카니발용 무도회 가면을 비롯한 여러 종류의 상품과 귀중품을 진열해 놓고 팔고 있다. 이탈리아는 가죽으로 만드는 제품이 유명하다, 가죽 벨트, 가방, 토스카나 잠바 등 외래 관광객이 즐겨 찾는 기념품 점포가 거리를 따라서 들어차 있다.

무도회 가면을 쓰고 시범을 ···

공중화장실 1회 이용요금이 1,50 유로(그 당시 한화 2,257원)이다. 부부 2명이면 한화 4천5백 원이다. 화장실 시설도 별로인데 이용료가 엄청 비싸다.

이제 베네치아 운화와 수로를 따라서 이동하며 물가 주변 관공서 건물, 극장, 시장통, 외국인 거주지역, 주택, 마을 지역을 돌아서 시청, 산 마르크 광장을 거쳐 콘도라를 타려고 선착장으로 다가서고 있다.

우리는 5~6명이 1개 조가 되어 콘도라에 승선했다, 노를 젓고 있는 사공에게 약간의 Tip을 주어야 구성진 노래를 불러준다. 베네치아의 명물 '콘도라'가 바다에 떠서 노래 부르는 사공의 모습은 흥미롭고 한층 낭만적인 분위기를 띄운다. 콘도라의 특징은 배 뒤에서 사공이 삿대를 이용해 노를 저어 앞으로 나아간다. 베네치아는 수중 도시라서 배를 이용해 물길을 따라서 사람과 모든 생활물자를 운반한다.

집마다 물길에 닿아 출입하는 계단이 있고 또 배가 들어가는 조그만 주차장 같은 정박장이 집안에도 있다. 물길 방향으로 계단과 출입문을 만들어서 편리하게 이용한다. 건물 출입문에서 배를 기다리는 승객이 자주 보인다, 여기서는 조그만 배가 필수 교통수단이다.

물길이 나아 있는 수로를 따라서 물가에 손님맞이 카페나 식당이 즐비하다. 수로를 따라서 건축물이 들어서고 그사이 물길이 나 있다. 섬을 따라서 둘레길 수로가 나 있다. 소로를 따라서 오가는 사람이 보이고 다른 곳으로 이동하려면 선착장에서 배를 타고 수로를 따라서 목적지로 이동해야 한다.

많은 관광객이 작은 배 또는 콘도라를 타고 우유 자작 즐기고 있다. 바닷바람이 시원하면서도 햇볕이 따갑다. 수상택시 선착장이 보이고 배 겉면에 수상 TAXI라고 표시되어 있다. 수상택시는 주로 베네치아 큰 물줄기를 따라서 운행한다. 큰 수로를 따라서 운항하는 수상택시가 손님을 태우고 물결을 일으키며 앞으로 내달린다. 수상택시는 배가 크며 승객을 많이 태운다.

섬에는 쓰레기 오물을 잘 처리해야 청결한 수질, 주거와 자연환경을 유지한다. 건물, 집에서 나온 쓰레기를 한데 모아 처리하는 집합 쓰레기장, 재활용 쓰레기 창고를 별도로 운영하며 모아 놓은 생활 쓰레기, 재활용 생활 쓰레기를 한데 모아서 외곽으로 가져 나간다.

낭만이 깃든 베네치아의 명물 '콘도라'

큰 건물이 운하를 따라서 즐비하게 들어서고 건물마다 각국의 기가 펄럭인다. 아마도 여기는 각국 외교 청사가 들어선 지역인 것 같았다. 아래 건물 앞에는 배가 닿는 선착장이 있고 건물 2층 발코니에는 유럽연합기와 이탈리아기, 프랑스기를 비롯한 여러 나라 국기가 펄럭인다. 건물 앞 선착장에는 작은 배가 계류되어 있고 우측 작은 수로에서 조그만 배가 나와 건물 앞을 지나간다. 건물이 모두 물가에 접해 있고 구멍마다 출입하는 문이 보인다.

아치형 구름다리 밑을 통과하는 수상택시, 다리 위의 많은 사람이 아래 물길 따라서 오가는 배와 사람을 내려다보며 손짓으로 인사를 한다. 물의 빛깔은 연 코발트 색깔로 맑게 보인다.

연인과 함께 호텔 마르코니 앞에서 밖을 내다보고 있는 모습이 보이고, 1층 호텔 식당 내부는 희미한 등불 아래 남녀 두 사람이 다정히 앉아서 식사하고 있다.

건물 2층 발코니에는 화사하게 핀 붉은 꽃봉오리와 녹색 잎사귀가 발코니를 휘감아 아름답게 수를 놓으며 뻗어 나가고 있다. 흰옷을 펴서 넌 빨래걸이가 주택 사이 베란다로 이어져 함께 이용하는 모습이 보인다.

물길을 따라서 쭉 늘어서 있는 건물의 모양이 각양각색으로 다가온다. 한마디로 물과 건물, 그리고 여러 종류의 배들이 어디론가 움직이고 있어 바다에서 뱃놀이를 즐기는 기분이 들었다.

16. 로마에 가면 로마법을 따르라!

　우리는 베네치아 관광을 마치고 돌아 나오며 모녀 2명이 행방이 묘연하다는 사실을 알았다. 세계 각국에서 밀려드는 여행객들로 초만원을 이룬 베네치아 시청광장은 한 치 앞간 떨어져도 일행의 뒤꼬리를 찾아서 따라가기가 힘들 정도로 번잡하다. 거대한 인파에 휩쓸려 여기저기 주위를 맴돌아도 어디서 움직이는지 도무지 알 수가 없다.
　여행시간을 마냥 지체할 수가 없어서 우리는 먼저 배를 타고 나오고 여러 여행팀 현지 가이드에게 부탁해서 수소문을 넣었다.
　두 모녀가 곤도라 선착장 옆에서 헤매고 있는 그들을 어느 여행팀 가이드가 발견하고서 우리 가이드에게 연락이 왔다. 그는 다른 배를 태워 모녀를 지금 물 밖으로 내보냈단다. 모두 걱정하는 중에 반가운 소식을 접해서 안도의 한숨을 내쉬었다.
　한참 시간이 지나간 후에 그들은 선착장에서 우리와 합류했다. 돌아온 두 모녀는 기다리지 않고 떠났다고 얼굴이 붉으락푸르락하며 불평불만을 토하고 야단이 났다. 그런데 문제 발생원인은 자기들이 가이드의 말을 잘못 알아듣고 다른 장소로 이동해 일어난 해프닝으로 판명된 이후는 한마디 말도 못 하고 쥐 죽은 듯 조용히 자숙하는 분위기였다.
　점심은 뒤늦게 중국식당에서 하고 이제 오스트리아 인스부르크까지 육로로 대략 6시간 동안 긴 버스 여정에 들어갔다.
　이탈리아 북부지역에 있는 트렌토 지방을 지나 알프스 산맥이 가까워질수록 크고 험악한 악산, 바위산이 많이 나오고 험준한 산이 앞에 나타났다가 뒤로 지나고 깊은 계곡에는 맑은 물이 흐르고 깊고, 낮은 산야는 푸르른 수목이 울창하다. 년 중 내내 적당히 비가 내려서 수목이 자라기에는 안성맞춤의 기후라고 한다.

산 아래 낮은 지형을 이용해서 고속도로가 발달해 있고 양편에는 높고 낮은 산맥이 길게 쭉 연결되어 어데 론가 흘러가고 있다.

도로 양쪽 방향의 높은 산등성이를 따라서 길게 뻗어 내린 경사진 넓은 들판에는 검 푸르른 포도나무밭이 계속 이어지고 다른 한 편에는 광활한 넓은 지역에 사과나무가 빼곡히 들어차 있다. 무성하고 짙은 녹색 잎사귀 사이에 빨간 홍옥이 주렁주렁 매달려 저마다 얼굴을 내밀어 결실의 계절 초가을을 재촉하고 있다. 산야와 조화를 잘 이루고 있는 아름다운 농촌 풍경이 여러 모습으로 다가와 더 즐거웠다.

잠시 용무 관계로 고속도로 휴게소에 들러 여행에 필요한 물건을 구입하고 있었다. 이곳은 이탈리아의 최고품질의 포도주 주산지라고 알려줘서 포도주 몇 병을 구입했다.

우리는 한동안 내륙 깊숙이 진입하면서 알프스의 대 자연경관을 가까이서 더 깊이 체험하는 여유로운 시간을 갖게 되었다. 험준한 산과 산이 겹치는 깊은 계곡 사이는 드넓고 길게 펼쳐진 잔잔한 호수에 흰 조각배가 한가로이 떠 있고 그 주위에는 크고 작은 집들이 모여 사는 평화로운 마을은 푸르른 자연과 잘 어울리는 한 폭의 아름다운 풍경화로 다가왔다.

험준한 산 계곡사이 고속도로

 높고 깊은 계곡을 끼고 가파르게 깎아지른 절벽의 산등성 위에 도시국가 성벽이 저 멀리 펼쳐져 보이고 성곽 아래 조그만 마을이 옹기종기 여러 곳에 형성되어 있다. 맞은편 높은 산 정상 절벽 위에 까치집처럼 걸려 있는 하얀 건물의 수도원은 한적하고 고요함을 보여주고 있다. 깨끗하게 흰옷을 차려입은 수녀가 아래를 내려다보며 오가는 버스에 손을 흔들어 반기며 살포시 미소를 지어 보이는 다정한 분위기를 연상케 한다.

 버스가 지나는 길목 양편에 종종 나타나는 중세 시대 조그만 도시국가 성곽과 마을 집들이 산의 지형지물을 잘 이용해서 산등성을 타고 쭉 이어졌다 끊기고 다시 이어지곤 한다.

 서유럽의 중세시대 서기 500~1500년대 르네상스 시대 이전까지 암흑의 시대라고 부르며 도시국가는 주로 이탈리아 지역에 있었고 각 지역의 영주들이 지배했던 시대를 말한다.

  자연 산세를 잘 이용해서 높은 산 절벽 위에 구축한 도시국가의 성곽은 그 옛날 서로 뺏고 빼앗기며 치열한 전투가 끊임없이 이어졌다. 앞날의 운명이 풍전등화와 같이 위급한 상황 하에서도 개인의 생명과 재산을 지키는 최후의 보루로서 적의 군사와 대치했던 거대하고 웅장한 성곽의 일부 귀퉁이가 무너져 내린 돌무더기 잔해는 오랜 기간 풍파에 시달려온 파란만장한 세월의 무상함을 일깨워 주고 있다.

  알프스 산맥에 점점 더 가까워질수록 이탈리아 스타일 집은 주로 붉은 기와지붕에 아이보리색, 황토색 집들로 마을이 형성되어 있다. 그러나 오스트리아 풍습의 집들은 검은 지붕에 연한 하얀색, 연회색 집들로서 구분하기는 어렵지만 약간 다른 모습으로 비추고 있다.

중세 도시국가 성곽

알프스 산악지역에서 국경을 접하고 있는 곳뿐만 아니라 내륙 깊숙이까지 이탈리아인, 오스트리아인, 스위스인이 뒤섞여서 오랜 세월 동안 함께 살며 로마적이며 게르만적인 문화가 서로 융합 혼재되어 있다고 한다.

여러 민족의 개성을 들여다보면 이탈리아인은 다혈질에 정이 많고, 오스트리아인은 독일 게르만 계통으로서 검소, 근면하며 원칙을 준수하고 보수적 이다. 스위스인은 겸손하고 수수하며 모든 일을 신중히 처리하는 생활관습과 풍습 등 생활양식을 서로 비교하면 민족마다 약간씩 다르다고 한다.

오스트리아 인스부르크로 가는 길은 점점 더 높은 언덕으로 올라가고 깊은 산속으로 계속 달리고 있다. 밖의 교통 표지판에는 해발 2000m로 표식이 되어 있다.

이곳은 알프스 인접 지역이라 겨울에는 눈이 많이 내려 온천지가 하얀 눈으로 뒤덮어있는 설원을 볼 수가 있다그 하며 한겨울에는 너무나 춥다고 한다.

이탈리아 고속도로는 눈에 친숙히 다가오며 많이 보았던 도로 형태이었다.

중앙분리대며 가드레일 등이 우리나라의 고속도로와 너무나 엇비슷하고 유사해서 자세히 관찰하고 더 알아본 결과 1970년대 이탈리아 고속도로를 벤치마킹(우수한 품질의 상품을 표준 삼아 혁신해서 좋게 만드는 경영기법)해서 한국의 경부 고속도로를 건설했다고 전한다.

고속도로 제한속도는 시속 100km이며 버스는 정상 속도로 운행하고 있었다. '목적지에 너무 늦게 도착하면 저녁식사와 휴식을 비롯해서 다음날 여행 준비에 어려움이 따른다는 여행자들의 간절한 요청에 의해서 가이드는 마지못해서 버스기사에게 서둘러 목적지에 도착했으면 좋겠다고' 의사를 전달했다.

베네치아에서 실종한 모녀 찾느라고 대략 2시간 정도 지체해서 정시에 목적지에 도착하려면 조금 서둘러 속도를 내어야만 하는 무리한 상황이 연출되었다.

한참 속력을 내며 달리고 있을 때 이탈리아 경찰(Poliza) 차가 버스 뒤에 바싹 붙으며 수신호로 뒤따라오라며 앞질러 내 달린다. 고속도로 상에서 불시검문이 시작되었다. 갑자기 일어나는 일이라 가이드를 비롯한 여행자들도 미안한 마음에 어찌할 바를 모르고 있는데 버스기사를 언뜻 쳐다 보니 안색이 별로 좋지 않게 보인다.

고속도로 상에서 검문하기가 불편한지 한참 달리다가 지선 톨게이트(Toll Gate)를 빠져나와 한적한 장소로 유인해서 정차시킨다. 기사의 인적 사항을 확인하더니 버스 운행 일지 디스크를 차에서 빼 경찰차 뒷간에 설치한 '컴퓨터 검색 장치'에 넣고 세밀하게 일일이 운행 실적을 점검하고 있다. 종전에 검사한 차량 운행 기록을 제외하고 그 이후부터 오늘날까지 전 운행 일지를 검사한다.

버스기사는 경찰이 요구하는 데로 운행일지 디스크에 나타난 운행 중 차사고, 과속 또는 제한속도 준수와 교통규칙 위반 여부 등 까다롭고 정밀한 조사에 응하며 고속도로에서 불시 검문 중인 사실을 전화로 본사에 보고하기도 한다.

이탈리아 교통경찰은 버스 운전석 앞 대략 5m 정도 떨어진 곳

버스기사의 인적사항을 조사하고 있는 이탈리아 경찰관

에서 운행일지를 일일이 점검하고 의문 사항이 있으면 버스기사를 수시로 불러서 물어보고 있다.

오스트리아 인스부르크에 갈 길도 멀고 상당한 시간 동안 기다리며 지루한 나머지 일행 중 몇 명이 짜증과 불평을 늘어놓기 시작한다.

자기는 모 지역 공단 책임자로 일했다고 하며 관광하러 온 외국 손님 대접을 제대로 하지 못하고 있다고 말한다. 그러면서 '지역 관할 경찰 당국과 시청' 그리고 '이탈리아 외무부'에 가서 항의한다고 벼르는 사람이 있는가 하면 당장 '관할 경찰서'에 가서 외국 여행객을 장시간 잡아 놓는다고 좀 따지겠다고 하는 사람도 있다, 또 어떤 사람은 일단은 손님은 보내고 나중에 경찰서에서 불러 조사할 수도 있지 않은가? 하고 자문하며 버스 안에서 목청을 높여 불만을 토로하는 사람도 보였다.

 교통경찰이 자기 나라 교통규칙 위반자에 대해 현지법을 적용하는데 남의 나라에 여행 와서 공무집행에 간섭하려고 하며 별의 별 소리를 다 한다. 참으로 가관이다.

 한국에서 법을 제대로 준수치 않고 제멋대로 하던 행실을 이곳에서 그대로 적용하려고 생각하는가 보다……

 그런 말과 행동이 여기서 옳다고 받아 드리겠는가?

 필자는 듣다 듣다 못해서 앞에서 떠들어 대는 사람들에게 큰 소리로 말했다.

 "제발! 좀 조용히들 하세요."라고 말하며

 "여기가 한국입니까? 남의 나라에 오면 그 나라의 법을 따라야 지요."

 "로마에 가면 로마법을 따르라'는 말도 있지 않아요?" 하며

 "제발, 좀 조용히 기다리세요." 하고 또 큰소리를 쳤다.

 그랬더니 앞에서 떠들어 대던 몇 사람이 민망한지 쑥 들어간다.

 약 한 시간 정도의 정밀한 검사를 받은 운전기사는 속도위반으로 600유로의 교통 범칙금을 내고 풀려났다.

 버스기사에게 무리한 요구를 해서 과속으로 교통규칙을 위반하게 만든 여행자들이 자숙을 하기는커녕, 좀 미안하게 생각해야 하는데도 불구하고 남의 나라에 와서 막무가내식 몽니를 부리려고 하고 있다.

 한국에서 얼마나 법을 무시하고 안 지키면 여기 외국까지 와서 한국식으로 모든 일을 처리하고 해결하려고 할까?

외국에 나가서도 한국식으로 행동하려는 사람들, 남의 나라에 와서 그 나라 법을 준수하고, 남을 배려하는 마음과 참고 견디는 인내심 그리고 남을 존중하는 예의범절을 많이 배워야 해외에서도 대우를 받지 않을까?

Ⅲ. 중세 유럽의 영광, 오스트리아
   (Republic of Austria)

오스트리아 지도

 공식 명칭은 오스트리아 공화국(Republic of Austria)이다.
 면적은 83,879㎢로 거의 남한지역 규모이다. 전체 인구는 900만 여 명이다. 수도는 빈(Wien)이고, 인구 185만여 명이 살고 있다.
 민족은 게르만인 92%, 유고인 4%, 터키인 1.6%이다.
 언어는 독일어이다. 종교는 가톨릭 74%, 개신교 5%, 이슬람교 4% 그리스 정교와 유대교를 믿는다.
 정체 공화국연방제, 국가 원수는 대통령이며, 정부 수반은 총리가 맡고 있다.

의회 형태는 의회는 양원제를 채택하고 있다.

화폐단위는 유로(Euro)화이다. 나라꽃은 에델바이스이다.

기후는 전형적인 대륙성 기후로 알프스 지역은 겨울에 몹시 춥고, 눈이 많다. 일교차가 크다.

위치는 유럽 대륙 중앙부에 위치한 국가이다.

국기는 위로부터 빨강 흰 빨강색 문양이다. 1230년 프리드리히 공이 제정했다. 십자군 전쟁 시 갑옷에 피를 붉게 뒤집어쓴 형상을 고려해 만들었다는 전설이 있다.

1. 역사적 배경

오스트리아는 역사가 태동하던 2만여 년 전 선사시대부터 유럽의 중심지로서 여러 민족이 살은 흔적이 있다.

3세기경에는 로마의 지배를 받다가 로마가 망한 5세기경에는 게르만족이 이 지역을 차지한다.

7세기경에는 프랑크 왕국의 카롤루스 대제가 전 유럽을 통일하던 시대에 오스트리아 지역을 호스트 마르크(동쪽의 나라)라고 불렀다.

976년 신성로마제국의 오토 1세는 최초의 왕가인 바벤베르크가에 의해 270여 년간 비엔나를 중심으로 정치, 경제, 문화적으로 융성 발전하는 태평성대를 누린다.

996년 오스타리카 왕국 등장으로 오스트리아 국가 형성의 기반을 이룬다.

1278년 루돌프를 왕으로 추대한다. 오스트리아의 합스부르크 왕국의 새로운 시대가 열린다. 14세기경 신성로마 제국의 황제 자리에 오르기까지 650여 년 동안 전 유럽을 지배하는 강력한 합스부르크 왕가의 전성시대를 맞이한다.

15세기경에는 유럽의 넓은 영토를 지배하고 가장 강력한 왕국을 건설한다.

16세기 초 카롤 5세는 프랑스와 전쟁에서 승리하고 신성로마제국 황제가 된다. 그 시대 오스트리아 제국은 전성기를 맞이한다. 광대한 유럽지역을 지배하던 시기에 카를 5세의 아들 펠리프 2세가 스페인과 네덜란드 영토를 차지한다.

카를의 동생 페르디난트 1세가 오스트리아와 독일, 헝가리, 보헤미아 지역을 분할해서 통치한다. 그런 연고로 오스트리아는 과거 한때 유럽의 영국과 프랑스를 제외하고 남미까지 지배한 강대국인 시절도 있었다.

1683년 오스만 튀르크의 침공을 물리친다. 헝가리, 루마니아, 유고까지 지배한다.

18세기 초 카를 6세의 딸 마리아 테레지아 여제는 남편 프란츠 1세와 공동으로 통치한 실세로 국정에 참여해서 새로운 정책을 펴며 융성 발전한다.

1806년 나폴레옹이 비엔나를 점령해 신성로마제국을 멸망시킨다.

1814년 영국, 프로이센 등 연합군과 함께 나폴레옹 세력을 몰아낸다.

후에 비엔나 평화 회의를 통해서 프랑스에 잃었던 땅을 되찾으며 국경을 재정비하지만 이미 국력이 쇠락해지기 시작한 오스트리아는 프로이센과의 전쟁에서 패한다.

오스트리아 내부에 잠재해 있던 여러 민족의 분쟁과 갈등으로 일부 영토를 빼앗긴다. 그 무렵 헝가리 왕국이 새롭게 독립한다.

1867년 프란츠 요제프 1세는 오스트리아와 헝가리를 지배하는 이중 제국의 황제가 된다.

20세기 초 오스트리아와 헝가리 제국은 발칸 반도로 진출을 시도했으나 뜻을 이루지 못하고 좌절된다.

1914년 6월 28일 오스트리아 프란츠 페르디난드 대공 부부가 보스니아의 수도 사라예보를 순방 목적으로 방문했다. 그 당시 영토 문제로 주변국의 원성을 높이 사고 있던 오스트리아는 세르비아 독립주의자에게 대공 부부가 암살을 당하자 세르비아와 전쟁이 시작되면서 제1차 세계대전의 발발 원인이 된다.

1914~1918 제1차 세계대전은 독일과 러시아 등맹군이 오스트리아 편에 서고 프랑스와 영국이 세르비아 쪽에 가담하면서 치열한 전쟁을 치르는 동안 제1차 세계대전이 1918년 종료되면서 1천만여 명 이상 사상자가 발생한다.

전쟁에 패한 오스트리아와 헝가리 제국은 자동 해체되는 운명을 맞이한다. 그 와중에 내부에 잠재해 있었던 세력이 뭉쳐서 헝가리와 체코, 슬로바키아가 민족을 중심으로 각각 독립하는 계기가 된다.

전후 각국은 세계 평화와 질서유지를 위한 파리 국제평화 회의를 통해서 국제 간 합의에 따라 국제연맹을 결성한다. 전쟁 후속 조치로 전후 배상 문제와 지배 영토 조정 문제가 뒤따라서 협의 후에 결정되었다. 그 결과 오스트리아는 과거 전성기에 전 유럽을 지배하는 강력한 제국이었으나 국토는 8분의 1, 인구는 9분의 1로 쪼그라들어서 소규모 영세 국가로 전락한다. 그러나 독일계 오스트리아 공화국이 차후에 독일 공화국으로 탄생하는 계기가 되어서 1920년대 말 오스트리아에도 나치스가 생겨나기 시작한다.

1929년 세계적인 대공황시 정치, 경제적으로 혼란기를 틈타서 1932년경에는 독일 민족주의자에 의해서 나치 독일이 생겨난다.

1938년 독일은 체코, 오스트리아를 병합한다. 뒤이어 폴란드를 침공한다.

1939년 독일이 폴란드를 침공하는 동시에 제2차 세계대전이 일어나는 도화선이 된다.

독일에 병합된 오스트리아는 2차 세계대전에 자동으로 개입하게 된다.

독일이 연합국에 항복하면서 오스트리아는 제2차 세계 대전 참전과 동시에 패전국이 된다.

1945년 미국과 소비에트 연방군의 점령 하에 오스트리아는 제2공화국으로 재탄생하게 된다. 비엔나에서 미국, 영국, 프랑스, 소련 등 전후 4개국 회의를 거치면서 오스트리아에 주둔하고 있던 외국군이 점차 철수한다.

1955년 영세 중립국 조건으로 모든 점령군이 오스트리아에서 철수한다.

과거에 전 유럽을 호령하던 영광스러운 국가의 위세는 모두 사라지고 질곡의 모진 세월을 거치면서 보잘것없는 초라한 영세 중립국으로 전락된다.

1955년 12월 국제연합과 유럽 연합에 가입한다. 수 세기 동안 강대국으로 거의 전 유럽을 지배 호령하던 오스트리아는 수많은 외침으로 부침과 파란만장한 질곡의 시대를 넘어서 오늘에 이르고 있다.

이승만 대통령 부인 프란체스카 여사가 오스트리아 출신이며 오래전부터 한국과 깊은 인연을 맺고 있었다.

2. 자연환경과 산업발달

오스트리아는 유럽 중부의 알프스 산맥 동쪽에 위치하고 있다. 남북 길이가 300km, 동서 길이가 560km로 험준한 산악지역이 많다.

오스트리아는 알프스 산맥을 중심으로 서부에서 동남부로 뻗어있으며, 3개의 지리적 지역으로 구분된다. 산악지역이 전 국토의 62%를 차지하고 있다.

경지는 전체 면적의 20% 정도이다. 평야는 북부로 흐르는 다뉴브 강 유역에 퍼져있다. 목초지는 서부 산지에 분포되어 있다.

오스트리아에서 제일 높은 산은 3,797m 그로스 글러크너 산, 샤프 베르그 산이다. 높이 3,000m 이상 되는 산봉우리가 많고 정상에 만년설이 깔려 있다.

알프스 산맥에 걸쳐 있는 나라로 서쪽은 스위스와 리히텐슈타인, 북서쪽은 독일, 북쪽은 체코, 동쪽은 헝가리, 남동쪽은 슬로베니아, 남서쪽은 이탈리아와 국경을 이르고 있다. 서유럽의 지붕이라 불릴 정도로 여러 나라에 걸쳐서 광범위하고 넓게 퍼져있다.

알프스 산맥의 자연환경과 풍광은 이 지역 여러 나라 어디를 가나 비슷해 수려한 경치를 자랑한다.

습기가 많은 대륙성기후로 겨울은 몹시 춥고, 여름은 습하다, 서부지역은 비가 많아 연 강수량이 대략 1,000mm이고, 동부 농업지역은 다소 적다.

농림축산업 1차 산업 비중은 전체 산업의 2% 정도이다. 평야 지대를 중심으로 주요 농작물은 밀, 호밀, 감자, 사탕무를 재배하고 일부 낙농업이 발달해 있다.

인구와 국토기 작아서 농산물 시장 규모가 작다.

임업은 산지가 많아 주요 산업으로 차지하고 있다. 삼림은 전 국토의 40%를 차지하고, 산림지대는 대부분 중남부 지역에 있다. 목재를 비롯해 제지, 화학 공업 원료로 이용하고 있다.

광업은 산지가 많아서 지하자원이 풍부할 것 같으나 그렇지는 않다. 철광석 생산은 국내 수요를 충족시키지 못한다. 망연, 흑연 생산은 비교적 풍부하다. 산악지역에 비해서 석탄 생산은 적다, 대신 수력발전이 발달되어 있다.

에너지, 건설, 제조업 등 2차 산업 비중은 28%이다. 소비재 경공업 비중이 작아 생활필수품 수입의존도는 50%에 달한다. 특히 기계공업 설비산업, 자동차 산업, 환경산업 등은 세계적으로 기술력을 인정받고 있다. 수출 주도형 산업으로 철강, 자동차 부품 산업이 발달해 있다. 기타 산업으로 광학기기, 유리 산업이 발달했다.

주요 기간산업은 철강, 화학을 중심으로 한 중화학 공업, 식품, 섬유, 제지 공업이 발달되어 있다.

서비스 산업은 도·소매업, 금융보험, 부동산 등 3차 산업 비중은 70%를 차지하고 있다. 중소기업 중심의 산업구조는 생산과 수출구조로 되어 있고 이를 뒷받침하는 다양한 지원정책은 산업정책의 핵심을 차지한다.

국토 대부분이 산지이고 임업 자원을 제외하면, 과거 철과 석탄을 많이 생산했으나 최근에는 가격경쟁력의 저하로 광업이 좀 부진하다. 기술력과 디자인을 기본으로 제조하는 명품, 스와로브스키, 실루엣 등 호화 상품을 생산해 국내외로 팔려 나간다.

오스트리아는 천혜의 자연환경, 과거 화려한 역사와 세계적인 음악가 배출로 음악 분야에서 전통을 이어가고 있다. 이러한 문화예술을 보기 위해 해외여행자들이 몰려와 관광업이 발달해 있다.

알프스 산맥의 수려한 관광지로 찰츠 캄머굿, 할슈타트. 볼프강 등이 있고, 해발 2000m 이상 알프스 산 고원지대에 산악도시 인스부르크가 있다,

1964년, 1976년 2회 동계올림픽 개최 국가이다. 동계스포츠 발달과 산을 이용한 등산객이 많이 찾는다. 그래서 관광업은 이 나

라의 주산업으로 전체 GDP의 10%를 차지하고 있다.

오스트리아는 서유럽에서 가장 부유한 국가에 속한다. 유럽 NUTS 지역 구분에 따르면 수도 빈은 유럽 내 5번째로 1인당 GDP가 높은 도시로 일컬어 잘살고 있다.

3. 근대화의 역사적인 인물

오스트리아는 중동부 유럽의 넓은 지역을 차지한 광대한 영토를 기반으로 14세기부터 18세기 전 유럽을 지배하는 강력한 합스부르크 왕가의 전성시대를 연다. 과거 한때 유럽의 영국과 프랑스를 제외하고 남미 일부 나라까지 지배한 강대국인 시절도 있었다.

세계 제1, 2차 대전을 치르면서 국력이 급속도로 쇠락의 길로 접어들어 현재는 영세 중립국이 되었다.

• 마리아 테레지아(Maria Theresia, 1717~1780)는 오스트리아 합스부르크 왕가의 여제로 40년 동안 오스트리아를 통치하면서 새로운 개혁, 정치, 외교, 문화 융성을 통해서 나라의 위상을 반듯한 반열에 올려놓은 위대한 여제이다. 특히 사관학교 개설, 교육제도 개혁, 법전의 제정 등 지대한 업적을 남겼다. 그녀가 여제로 있는 동안 헝가리, 크로아티아 등을 복속 시켜 통치했다.

1775년 남편 프란츠 1세의 갑작스러운 죽음에 슬퍼하며 식음을 전폐하고 오르지 남편을 섬기는 열녀며, 지극정성에 모두가 감동을 받았다. 여제 슬하에 16명의 자녀를 두어 유럽의 강대국에 정략결혼을 시켜 외교술로 국력을 배양했다.

• 프란츠 요제프 하이든(Franz Joseph Haydn, 1732~1809)는 음악가로 교향곡 현악 4중주곡을 작곡했다. 그는 교향곡의 아버지로 불린다. 빈과 런던을 무대로 음악 활동을 펴고 베토벤, 모차르트와 친분을 맺었다.

• 마리 앙투아네트(Marie Antoinette d'Autriche, 1755~1793)는 오스트리아 여제 마리아 테레지아 막내딸로 프랑스 루이 16세와 정략적인 결혼을 통해 왕비가 된다.
  1798년 프랑스 대혁명 시 남편 루이 16세와 함께 파리의 콩코드 광장의 단두대에서 형장의 이 슬로 사라진 슬픈 역사가 있다.

• 볼프강 아마데우스 모차르트(Wolfgang Amadeus Mozart, 1756~1791)는 잘츠부르크 출신의 천재 음악가이다. 그의 생애에 600곡의 작곡을 남겼다. 서양 고전음악의 모체가 된다.

• 프란츠 피터 슈베르트(Franz Peter Schubert, 1797~1828)는 오스트리아 비엔나 출신 작곡가이다. 그는 31세의 짧은 생애에 수많은 가곡과 교향곡을 작곡했다. 대표곡은 '송어', '아베마리아', '겨울나그네' 등이 있다. 그는 가곡의 아버지라 부른다.

• 요한 슈트라우스 2세(Johann Straub Ⅱ, 1825~1899)는 비엔나 출신의 작곡가이다.

대표작품의 왈츠곡은 '아름답고 푸른 도나우', 오페레타 '박쥐'가 있다.

그는 왈츠의 왕으로 불린다.

• 지그문트 프로이드(Sigmund Freud, 1856~1939)는 심리학의 대가이며 정신분석학의 창시자이다. 그는 의사 출신으로 철학가, 심리학자이기도 하다.

• 구스타프 클림트(Gustev Klimt, 1862~1918)는 오스트리아 비엔나 출신의 유명한 화가이다. 전통적인 미술에서 벗어난 '빈 분리파'를 결성해 활동했다. 그는 주로 여성을 주제로 하는 초상화에 금은박을 입혀서 화려한 면모를 보여줘 현세에 미술 애호가의 사랑을 받아 인기가 높다. 그의 대표적인 작품 '키스'는 세계 미술계에 유명한 명화로 취급하고 있다.

4. 유서 깊은 도시 잘츠부르크(Salzburg)

오스트리아의 아름다운 도시 잘츠부르크를 구성한 어원의 뜻은 찰즈는 '소금'이고 부르크는 '성'이라고 한다.

잘츠부르크는 '사운드 어브 뮤직(Sound of Music)'의 영화 촬영지 배경과 모차르트 탄생, 호헨 잘츠부르크 성으로 유명하다.

거리를 따라서 고색 찬란한 로마풍 바로크 양식의 건물이 많이 들어서 있다. 이곳은 668년경에 도시가 형성되어서 그 시대부터 북 로마라고 불렀다고 한다.

우리는 해가 서산으로 넘어가 어둠이 서서히 깔리는 초저녁 7시경에 잘츠부르크에 도착해 중국 식당 티엔 슈에 들어가 저녁 식사를 하게 되었다.

늘 먹던 빵 대신 밥과 수프 그리고 5가지 동양식의 풍성한 반찬이 나와서 오래간만에 맛깔스럽게 식사를 해서 기분이 좋았다.

즐거운 저녁 식사 후에 조금 떨어진 곳에 위치하고 있는 호텔 잘츠부르크 미트에 여장을 풀었다.

이 호텔은 외관이 수려하고 아이보리색의 아름다운 장방형의 건축물이다.

아침 식사는 호텔 식당에서 빵으로 간단하게 하고 시내거리를 따라 도보로 여행을 하기 시작했다.

도시는 고풍스럽고 아름다운 건물 사이 소로를 지나 대로변에 인접한 미라벨(Scloss Mirabell, 아름다운 정원이라는 뜻) 정원에 도착했다.

1606년 볼프 디트리히 대주교가 조성한 바르크 양식의 미라벨 정원은 아름다운 연녹색 긴 지붕에 아이보리색 3층 일자형 건물이다.

건물 앞에는 여러 가지 꽃이 만발하고 잘 정돈된 드넓은 정원에는 구경하는 사람이 많고 조그만 둥근 연못에는 그리스 신화 속의 여신상이 두 발을 모아 앉아 있는 모습이 특이하게 보였다.

아름다운 미라벨 건물 전경

고풍스러운 돌담을 따라서 펼쳐지는 넓은 잔디밭 정원에는 백색, 흑색, 노란색, 빨강색의 만발한 장미꽃이 베고니아로 디자인해서 아름다운 꽃길이 여러 갈래로 수를 놓고 있다. 좌우 양쪽에 예쁜 고풍스러운 돌담에는 여러 가지 화사한 덩글 꽃이 기어 올라 만발하고 그 뒤로 울창한 나무로 뒤덮어서 더 높은 녹색 장막을 이루고 있다.

길다란 돌담 벽을 따라서 군데군데 아름다운 여신 조각상이 들어서 주위와 잘 어울린다. 드넓은 잔디밭 사이사이로 연결된 여러 갈래의 산책로는 풍요로운 정감을 주고 정원 남쪽에 둥근 연못에서 사방으로 솟구치는 분수대는 그 일대를 한층 아름답고 화려하게 수놓고 있다.

정원 마지막 끝에 이르러 여러 개의 남녀 조각상이 자연스러운 모습으로 다가오고 저 멀리 남쪽 언덕 위에 거대한 호헨 잘츠부르크 고성이 앞을 굽어 내려다보고 있다.

더욱 이곳은 영화 '사운드 어브 뮤직'에 등장하는 여배우 줄리 앤드루스가 여주인공 마리아 역으로 나와서 아이들과 '도레미 송'을 부르는 영화 장면은 잊을 수 없는 광경이었다. 어렴풋이 그 당시의 추억 영상이 되살아나는 기분이 들기도 한다.

과거 볼프강 아마데우스 모차르트가 궁전 내 대리석 홀에서 연주회를 개최했다고 하며 그런 연유로 인해서 미라벨 정원에서는 음악 콘서트가 자주 열린다고 한다.

가장 낭만적인 결혼식장으로도 잘 알려진 유명한 장소로서 이곳에서 막 결혼한 신혼부부는 부푼 꿈을 안고서 꽃마차를 타고 시내를 순회하기도 한다.

끊임없이 찾아드는 관광객을 위해서 수시로 악사가 나와서 즉석 아코디언으로 오스트리아의 유명한 곡 왈츠를 연주해 보는 이로 하여금 즐거움을 선사한다.

우리는 정원을 나와서 잘차흐 강의 아름다운 다리를 건너가고 있다.

신, 구시가지로 구분 짓는 경계를 이루는 잘자흐 강은 때마침 장마로 홍수가 지어서 불어난 누런 황토물이 가득히 차서 유유히 흐르고 있다.

시라타 다리에는 도시의 유명한 장소를 알려주는 안내 표지판이 보인다.

다리 난간 그물망에 연인끼리 영원한 사랑을 뜻하는 사랑의 자물쇠를 채워서 줄줄이 난간에 달아 놓았다. 여러 가지 색깔의 크고 작은 영원한 사랑을 뜻하는 자물쇠의 꾸러미를 하나하나 눈여겨보면서 저마다 호기심에 의미심장한 미소를 지어 보인다.

다리를 건너 맞은편 혼잡한 큰 도로를 지나서 건물 사이 작은 도로로 진입했다.

도로 정면 맞은편에 6층짜리 노란색 건물이 나타난다.

1773년부터 7년간 모차르트가 살던 이 노란색 건물은 제2차 세계 대전 중에 파괴되어 원래 모습대로 복구해서 현재는 모차르트 박물관으로 사용하고 있다.

그가 생전에 사용하던 악보, 평소에 연주하던 바이올린, 연인과 팬으로부터 받은 편지, 쓰던 침대, 생활 도구 등을 한데 모아서 생애에 주로 활동하고 생활했던 모습을 잘 알 수 있도록 전시하고 있다.

케트라이데 상점가 거리

번화가 케트라이데(Getreidegasse) 상점가 거리와 맞닿아 있는 이 건물을 중심으로 좌우에 연결된 거리에는 아기자기하고 예쁘게 치장한 호화찬란한 점포들이 도로를 따라서 화려하게 쭉 펼쳐 보인다.

찰즈 부르크의 유명한 케트라이데 거리는 중세 시절 글을 읽지 못하는 사람을 위해서 가게마다 독특한 아이디어로 상품을 이미지화하고 형상화해서 만들어진 철제 세공 간판을 보고서 원하는 상품을 살 수 있도록 손님을 맞이하고 있었다.

아름답고 예쁜 건물 외관에 설치한 철제간판과 3층 창문 난간에 연이어 매달아 놓은 꽃 화분에서 화사하게 활짝 핀 빨간 나팔꽃이 연 노란 건물과 잘 어울려 한층 더 호사스럽게 치장하고 있었다. 또한 점포 내에 예쁘게 진열한 아기자기한 명품은 눈을 유혹해 이이 쇼핑만으로도 마음이 즐거웠다.

이 거리에서 정면으로 바라보면 바로 좌측에 장차흐 강이 흐르고 깎아지른 듯 경사진 바위 언덕 위에 자리 잡고 있는 호엔 잘츠부르크 성(Festung Hohensalzbrug)은 해발 542m 산에 방어용으로 완벽한 성을 구축했다.

1077년에 지어서 1500년에 보강 확장하고, 1618년에 이르러 오늘날의 성채 모습을 갖추었다. 둥그런 동산에 지형지물을 잘 이용해서 축성한 천연 요새인 고성은 옛날 사용하던 각종 무기를 전시하는 박물관이 있다. 둥그런 동산 위에 워낙에 성곽이 커서 도시의 이정표 역할도 하며 저 멀리까지 조망이 가능하다고 한다.

우리는 거대하게 구축한 성곽을 바로 옆에서 조망하고 돌아서 모차르트가 살던 건물을 지나 면세점에 들려 전시된 여러 가지 상품을 구경하고서 다음 관광지를 향해서 출발했다.

호엔 잘츠부르크 고성

5. 천혜의 경관, 호수도시 찰즈 캄머굿(Salzkammergut)

알프스의 높은 산에는 만년설이 희끗희끗 군데군데 쌓여 있고 오랜 세월 빙하의 침식작용과 자연적으로 형성된 계곡에 드넓은 맑고 푸르른 에메랄드 물빛 호수는 천혜의 아름다운 자연환경을 만들어 주고 있다.

우리는 버스를 타고 주위의 아름다운 산천을 구경하면서 도로를 따라서 휴양지 잘츠 캄머굿으로 이동하고 있다.

한적한 마을 중심에는 예쁘고 아름다운 주택이 많다. 전형적인 알프스 풍의 주택 발코니마다 여러 종류의 예쁘게 만발한 꽃송이가 늘어져 아름다운 풍경화를 그리고 있다. 그림 같은 아기자기한 고택이 길을 따라서 쭉 이어지고 각종 토산품과 전문 상품을 판매하는 점포에는 희귀한 기념품을 고르느라 사람이 분주히 오간다.

햇빛에 찬란하게 너울지고 잔잔히 부서지는 은빛 세파가 눈부시게 다가와 넘실대는 옥색 호수가 언덕에 자리 잡은 장크트 미헬 가톨릭 성당의 첨탑이 우뚝 솟아 하늘을 찌르고 있다. 16세기경 바로크 양식이라 아름답고 고풍스럽게 보인다.

우리 일행은 허리를 굽혀 도독 고양이처럼 발뒤꿈치를 삽뿐이 들고서 조용히 실내에 들어가 미사 드리는 엄숙한 분위기에 잠시 젖어 보기도 했다.

호수도시 찰즈 캄머굿

성당을 돌아 나와 수목이 울창한 소로를 따라서 선착장에 도착했다.

유람선을 대기하는 짧은 시간에 호수 사방을 돌아가며 둘러본 잘즈 캄머곳은 좋은 위치에 여러 형태의 그림 같은 예쁜 별장이 물가에 접해 층층이 위로 들어서 있다.

주위의 높고 낮은 산에는 수목이 울창하고 넓은 푸르른 옥색 호수에는 유람선이 점점이 떠다니고 있다. 호수에서 연인 또는 가족이 탄 흰 보트가 한가로이 유유히 물 흐르듯 움직이는 모습은 여유롭고 평화스럽게 보인다. 강렬한 햇빛이 눈부시게 내리비치는 하늘은 파랗고 청명하며 흰 구름이 간간이 떠서 어디론가 흘러가고 있다.

우리를 태운 날렵한 유람선은 배 꽁무니 양쪽으로 흰 포말의 거센 파도를 일으키며 고속으로 호수 한가운데를 가로질러 달리고 있다.

아름다운 주택과 푸르른 물이 출렁이는 부둣가에는 예쁜 색깔로 단장한 보트와 커다란 흰 선박이 한가로이 움직이며 정박하고 있어 그림처럼 아름답게 다가온다.

저 멀리 높은 산과 아래로 구비 쳐내려오는 여러 갈래의 구릉지가 끝나는 지점의 평지에는 드넓은 야영장이 펼쳐져 여러 사람이 놀이를 즐기고 있다.

전망 좋은 높은 곳에 최신식 숙박시설이 위치하고 그 아래 모래사장에서 뛰노는 어린이들, 강렬한 햇볕에 선 그라스를 끼고 팔등신의 아름다운 몸매를 자랑하는 예쁜 여인들, 온몸을 드러내고 선팅을 하고 있는 남녀노소, 푸르른 호수에는 여러 사람이 무리 지어 수영하고 있다. 카누를 타고서 노를 좌우로 짓는 연인의 다정함을 보이고, 파란 물결이 이는 호수에 한가히 떠 있는 보트 놀이와 유람선이 분주하게 끊임없이 오고 가고 있다.

우리는 호수 주변의 울창한 수목이 빼곡히 들어찬 숲 속에 동화

집 같은 주택과 자연경관을 바라보고 호수에 떠가는 유람선을 구경하면서 건너편 장크트 길겐 선착장에 도착했다.

호수 가장자리 선착장에서 조금 위쪽으로 올라가는 길가에 커다란 연노랑 아이보리색의 길 다란 2층 건물이 보인다. 그 벽면에 모차르트 집(Mozarthaus Sankt Gilgern)이라고 쓰여 있다. 모차르트 아버지와 어머니 초상화가 벽면에 창문처럼 걸려 있다. 음악가 모차르트 아버지 길 케인 씨가 이 아름다운 호수마을의 시장을 지내고 모차르트 어머니의 고향이기도 한 장크트 길겐은 주민이 대략 5천여 명이 거주하고 있다고 해설하는 안내 푯말이 눈길을 끈다.

우리는 잠시 초상화를 배경 삼아 기념촬영을 하고 그 주위를 구경하면서 마을 위쪽에 있는 전통음식점 가스호 캔들러에 들러서 돼지고기, 감자로 만든 현지 전통음식을 체험하는 즐거운 시간을 가졌다.

식사 후에 밖으로 나와 휴식하면서 주변을 돌아가며 주의 깊게 살펴보았다.

저 멀리 건너편에 옥색 호수가 펼쳐지고 선착장에는 흰색의 크고 작은 요트와 정박 중인 호화 유람선이 밧줄이 매어 파도에 흔들리고 있다.

주변에 녹색의 울창한 나무와 수려한 호텔, 카페, 전문음식점, 예쁜 펜션, 고풍스러운 전통주택이 거리를 따라서 쭉 들어서 있다.

산 정상을 오르내리는 노랑, 빨간 케이블카에는 여행객이 가득 앉아 아래를 내려다보며 즐거워하는 모습이 멀리서 눈에 들어온다.

여기 케이블카 정류소에서 출발해 산 정상까지 오가는 시간은 대략 20여 분이 소요되며 왕복 40여 분에 산에서 주위 사방을 둘러보며 경치를 구경하는 시간까지 포함하면 대략 1시간 30여 분이 소요된다고 한다. 우리는 자세한 설명을 듣고서 순서대로 케이블카에 타고서 산 정상을 향하여 출발했다.

케이블카가 이동하는 아래 지역은 푸르른 초원이 펼쳐지고 산등성에는 소와 양 떼들이 한가롭게 풀을 뜯고 있는 풍경이 너무나 평화스러워 보인다.

그 옛날 목동이 요들송을 부르며 양 떼를 불러 모으는 아련한 영화 장면이 상상의 나래를 펴고 머릿속에 은은하게 떠오른다.

주위의 자연환경을 하나도 놓치지 않으려고 열심히 둘러보며 구경하고 있는 동안 목적지에 도착했다.

산등성이에 둘러싸인 전망 좋은 지점에 카페와 음식점이 자리잡고 있다. 그 위로 올라가면 백설에 뒤덮인 높은 알프스 산맥 정상 조망이 가능한 높은 전망대가 나온다. 화창한 파란 하늘에는 흰 뭉개 그름이 간간이 무리 지어 흘러가며 저 멀리 높은 알프스 산맥이 겹치는 산줄기에 흰 밀가루를 뒤집어쓴 듯 희끗희끗한 만년설이 은백색으로 눈부시게 찬란히 비춘다. 또 다른 세상의 모습이 눈앞에 광활하게 파노라마처럼 펼쳐져 신비한 황홀감마저 얼른거린다.

여기 산 정상에 우뚝 솟은 커다란 십자가는 하늘을 찌르고 있다. 이곳의 높이는 1,522m이다. 저 멀리 보이는 제일 높은 홀스타인 산은 해발 2,996m(Hochstein MT)로 이정표에 표시되어 있다. 수많은 산봉우리 이름과 높이가 큰 그림판에 점점이 그려져 돌아가면서 산봉우리를 손가락으로 지퍼 확인하고 있다.

산 정상에 올라 주위의 흰 눈으로 뒤덮인 산을 구경하는 동안 갑자기 휙 하고 몰아치는 강풍에 온몸이 파르르 떨린다. 살갗을 파고드는 추위가 두꺼운 옷소매에 스며들었다. 잠시 멈칫 옷깃을 여미며 정신을 가다듬었다.

손가락으로 최고봉을 가리키며 저기도 사람이 오르고, 저 설한지에도 사람이 살 수 있을까 하는 의문이 들었다.

앞을 바라보면 회색빛 눈으로 뒤덮인 산봉우리와 흰 구름이 맞닿아 하늘 끝처럼 보이는 신비한 광경이 눈앞에 펼쳐져 천국 같은 장관을 이룬다.

다른 한편에는 높은 산에서 빙하가 녹아 아래 계곡으로 흰 물줄기를 타고서 빨랫줄처럼 이어져 호수로 들어간다.

큰 산봉우리에 가려서 검푸른 옥색의 호수가 6개에서 7개로 겹쳐서 보이기도 한다. 더욱 낮은 반대편 산 정상을 바라보았다.

둥그런 검은 회색 바위산에는 잡풀은 거의 없이 거무스레한 토질로 뒤덮여 있다. 거기서 아래로 내려오면서 점점 녹색의 울창한 수목으로 옷 색깔이 변한다.

발아래 펼쳐지는 저 아래 바닥에는 검푸른 호수와 맞닿아서 조그맣게 다닥다닥 붙어 있는 조개 딱지처럼 주택이 주위 자연경관과 어울려 짙은 녹색 화폭에 빼어난 풍경화를 그리고 있다. "Sound of Music" 영화에 등장하는 여주인공 마리아는 만년설로

질겐 산 정상, 뒤로 보이는 호수 찰즈 캄머굿

뒤 덮어쓴 회색빛 험준한 산을 배경 삼아 노래 부르며 두 팔을 활짝 펴 보이고 다리를 벌리고 높이 뛰어오르는 모습으로 촬영한 이름난 장소라고 전한다.

그 당시 여기서 알프스 산맥을 배경으로 촬영한 영화 'Sound of Music'은 1965년 영화제에서 아카데미상을 수상했다고 한다.

우리는 산 정상에서 내려와 조금 낮은 질겐 산(해발 1,490m, ST, Gilgen) 꼭대기에서 주위 사방을 둘러보고 있다. 저 아래 까마득하고 희미하게 검푸른 옥색 호수 찰즈 캄머곳이 신문지 반장 크기로 눈 안에 들어온다.

호수에 떠가는 유람선은 점처럼 보이며 꼬리에 흰 실선을 그리고 움직이고 있다. 호수가 도로변에는 차량이 개미 기어가듯 작은 물체로 움직이고 있다. 호수 주변에는 녹색의 숲이 울창하고 무성하게 뒤덮여서 신선하고 평화스럽게 한 폭의 그림으로 다가온다.

한편 희끗희끗 만년설이 뒤덮인 높고 험악한 알프스 산맥과 저 아래 넓게 펼쳐진 울창한 녹색의 숲으로 이루어진 구릉진 평원 그리고 검푸른 옥색 호수는 아주 색다른 자연의 신비한 세계, 별천지로 우리 눈에 들어온다.

 외국인 가족과 우리는 산 정상 꼭대기 평지에서 이정표를 중심으로 주위 사방을 돌아가며 기념사진을 찍고 있었다.

 서로 번갈아 사진을 찍어주며 인사했다. 아주 귀엽고 예쁜 2살짜리 여아와 5살짜리 남아 오누이, 금발 여인 등 외국인 가족과 함께 저 아래 검푸른 옥색 호수를 배경 삼아서 기념사진을 찍으며 좋은 추억을 남겼다.

찰즈 캄머굿 호수 배경 케이블카

 우리는 되돌아 나와서 역순으로 산 정상 케이블카 선착장 실내로 들어갔다. 케이블카를 기다리는 동안 관광차 올라 온 귀엽고 활기찬 현지 학생들과 이야기를 나누어 보기도 했다.

 스르르 움직이는 케이블카를 타고서 내려오며 발아래 펼쳐지는 크고 험악한 바위, 울창하게 수풀을 이룬 산봉우리와 깊은 계곡, 드넓게 펼쳐진 호수마을의 아름답고 예쁜 주택과 건물을 구경하면서 이색적인 이국의 풍경을 카메라에 담았다.

평지에 내려와 대기하고 있는 버스에 올라 찰즈 캄머굿의 진주라 불리는 할슈타트로 이동하고 있다.

오스트리아 알프스 산맥은 깊은 계곡에 천연호수가 70여 개가 자연 발생적으로 생겨나 있다. 할슈타트를 중심으로 천혜의 아름다운 아테르 호수, '달의 호수'를 뜻하는 조용하고 수려한 몬트제 호수 등이며, 호수 주변 높은 산 정상에 희끗희끗한 백설이 쌓여 있고 맑고 푸른 하늘에 뭉게구름이 흘러가고 산봉우리에 걸려 있는 안개구름이 신비함을 더해 주고 있다.

6. 지상낙원 할슈타트(Hallstaff)

잔잔한 물결의 평화스러운 에메랄드 색깔의 볼프강 마을 호수 주변에 동화 속에나 나오는 고택이 좋은 자리를 잡고 있다. 주변 산과 조화를 이루는 드넓은 호수 가에 전통가옥이 빼곡히 들어차 있다. 잔잔한 호수의 풍경이 눈앞에 전개한다. 여기 할슈타트를 비롯한 볼프강, 밧 이슈 등 동화 같은 마을이 호숫가를 따라서 평화스럽게 들어서 있다. 지상의 낙원이라고 부르는 볼프강 마을에 접근하고 있다. 높은 산으로 둘러싼 이 호수는 1997년 유네스코 문화유산에 올린 할슈타트라고 한다.

호수의 넓이는 길이 6km, 너비 3km되는 작은 호수로서 수심은 깊은 곳이 대략 100m에 이르러 잠수 마니아들이 즐겨 찾는 조용하고 아름다운 오스트리아의 숨은 보석이라고 부른다.

할슈타트에는 소금 광산이 있어 할슈타트의 'Hal'은 켈트어로 소금(salt)이라는 뜻으로 '소금 도시'라는 의미가 있다고 한다. 아름다운 호수와 주위에 산으로 둘러싸여 뛰어난 자연 풍광을 자랑하는 할슈타트는 알프스 산 계곡에 자연 발생적으로 생긴 70여 개의 호수중 하나이다. 높은 알프스 산맥의 만년설과 빙하가 녹은 물, 빗물이 한데 모여서 산과 산 사이 구릉진 계곡에 자연발생적으로 생긴 호수이다.

수려한 볼프강 마을

이 들 호수 중에서 제일 살기 좋은 호수로서 호화로운 호텔과 예쁜 펜션, 전통음식점, 아기자기한 카페 등이 즐비하게 들어서 있다. 그런 관계로 외부 관광객이 끊임없이 찾아 들어와 편안히 휴식하며 쉴 수 있는 최고의 휴양지라고 한다.

특히 푸르른 에매랄드 물빛 호수와 동화에 나올 법한 아기자기한 예쁜 주택이 거리를 따라서 들어서 있다. 사람이 오가는 도로변에 만발한 꽃이 정원에 널려 있어 주위를 화사하게 수놓는다.

호수를 둘러싼 높은 산 경사지에는 울창한 수목이 무성하며, 높고 험준한 녹 회색빛 바위산은 주위를 병풍처럼 둘러싸고 돌아간다. 청정 호수 할슈타트는 여러 호수 중에 가장 경치가 아름다운 곳으로도 유명하다.

호수 주변에 대략 1천여 명의 주민이 거주하고 있다. 주위에 높은 산으로 둘러싸여서 터널을 통해서만 출입이 가능해 일일이 입장료를 받는다.

마을로 들어서면 앞에 펼쳐지는 아기자기한 경치가 마치 엽서에 그려진 풍경화처럼 푸르른 호수가 나타난다.

조용한 선착장에는 호화로운 유람선과 빨강, 흰색의 예쁜 보트가 밧줄에 묶여 있다. 파도가 잔잔히 울렁이는 물결 사이에 백조가 유유히 떠다녀 평화스러운 분위기마저 자아낸다.

도로를 따라 마을로 들어가는 양편에는 크고 작은 고풍스러운 주택이 들어서 있다. 깎아지른 경사진 산 능선에는 까치집처럼 구축한 전망 좋은 주택이 호수를 내려다보고 있어 절경을 이른다.

마을이 끝나는 높은 산에서 아래로 이어지는 깊은 계곡에는 맑고 깨끗한 물이 도랑을 타고서 호수로 흘러 들어가고 있다.

건물마다 예쁘게 단장한 점포에 특유의 동물을 형상화한 오리, 닭, 고양이, 개, 개구리, 귀뚜라미 등 귀여운 모습의 장난감은 동화에서나 등장하는 듯한 얄궂은 모습을 하고 있다. 그 보금자리에 빨간 꽃나무 가지에 걸어놓은 앙증맞은 새집, 녹색 잎에 커다란 노랑 해바라기 꽃, 토산품 등 여러 가지 기념품을 점포 앞 길가에 쭉 늘어놓았다. 도로를 따라서 오가는 사람의 호기심과 눈길을 자극하고 있다. 그 귀여운 모습을 보는 재미에 저마다 일가에 미소를 지어 보이며 모두 즐거워한다.

마을 풍경
성광웅

천혜의 자연환경, 병풍을 두른 산봉우리
에메랄드 빛깔의 잔잔한 호수
동화 속 인형을 모아 놓은 볼프강 마을

아기자기한 풍경은 엽서처럼 다가와
호사스러운 빨강, 흰색의 날렵한 보트
잔잔한 파도 유유히 떠도는 백조

경사진 산 능선에 걸친 까치집처럼
굽어서 내려다보는 전망 좋은 주택
어머니 품결 같은 따뜻한 호수 마을

특히 푸르른 호수가 자연과 잘 어울리는 커다란 흰 천막 아래 넓은 카페는 주위 환경과 잘 어울린다. 황토색 긴 식탁에 앉아 둘이

서 오손 도손 속삭이는 연인의 모습이 사랑스럽게 보인다. 물 위에 평화스럽게 떠다니는 보트와 유유히 움직이는 흰 백조를 보며 사랑의 이야기를 나누는 연인의 모습이 예쁜 한 폭의 풍경화로 다가온다.

그리 크지 않아 어머니의 품결과 같이 포근한 호수에 불타는 석양의 잔영이 비춰 얼른거린다. 드높이 길게 걸린 붉은 구름 사이 파란 하늘이 환상적이다.

오랜 시간 머물던 천혜의 풍광 할슈타트를 뒤로하고 푸르고 울창한 산야와 들판을 지나 한적한 전원도시 모 호텔에 도착해서 여장을 풀었다.

7. 전형적인 농촌마을

우리 일행이 이동한 지역은 그리 멀지 않은 한적한 농촌 마을이었다. 서산에 해가 걸려 있는 순간 불타는 낙조는 이국의 경치와 더불어 가슴에 잔잔한 감동을 주고 있다. 호텔 주위 잘 가꾸어진 농촌 마을이 평화스러운 모습으로 다가온다. 언덕 아래로 펼쳐지는 드넓은 녹색 초원이 저 멀리 산등성이까지 타고 올라간다. 울창하게 뒤덮인 무성한 나무 사이 고랑을 타고서 줄지어 자란 채소는 온 천지를 짙은 녹색으로 뒤덮고 있다.

중규모의 3층 호텔은 도로 접근이 쉬운 좋은 장소에 자리 잡고 있다.

잘 가꾸어진 푸른 잔디 정원에는 여러 개의 파라솔을 설치하고 그 아래는 긴 식탁과 의자를 놓았다. 주위에 울창한 나무와 붉은 장미꽃, 흰 튤립이 만발하고 작은 연못에는 물이 솟는 분수대가 화사한 분위기를 연출하고 있다.

호텔 앞 녹색 잔디밭에서 저녁을 먹으며 놀이를 즐길 수 있도록 천막이 쳐있다. 넓은 정원은 피크닉을 하도록 만반의 준비가 되어 있다. 오늘은 밖에서 활동하기 좋은 온화한 날씨에 간간이 불어오는 순풍은 마음마저 상쾌한 기분이 든다.

저녁을 준비하는 동안 잔디밭 식탁에 앉아 동료와 즐거운 대화를 나누고 있다. 음식을 준비하는 아낙의 손길이 무척 분주하다. 가든 그릴에 올려놓은 돼지 삼겹살, 닭고기, 소시지는 화구에 기름이 떨어져 쾌쾌한 뿌연 연기가 사방으로 번진다. 화통에서 뿜어 나오는 고소한 냄새가 주위에 퍼져서 출출한 입맛을 마구 당긴다.

음식을 배급받아 한 식탁에 8명씩 둘러앉았다. 주문한 생맥주에 곁들여 오손 도손 정담을 나누는 즐거운 식사 시간을 가졌다.

저녁 식사가 끝날 무렵에 서서히 어둠이 스며들고 있다. 주위 가로등이 점점이 불을 밝혀 자연스러운 야외무대 분위기를 만들어 준다.

생맥주 컵이 한 순배 돌고 대화가 무르익는 순간 황홀한 분위기가 서서히 달아올랐다. 그 무렵 총의에 의해서 장기자랑과 노래자랑이 펼쳐진다.

자칭 대전 압구정동 아줌마 팀, 젊은 청년 팀, 원로 팀, 그리고 우리 팀이 차례로 불려 나가 장기자랑, 최신가요로 이어져 한동안 즐거운 분위기에 젖어들었다.

우리가 노래와 만담을 하고 춤을 추고 노는 광경을 주위에서 구경하고 있다. 현지 투숙객이 2, 3층 난간에 걸터앉아서 이국적인 놀이문화에 흥에 겨워 손뼉을 치며 재미있어한다.

더욱 생맥주를 나르는 아가씨의 좌우로 흔드는 요란한 엉덩이춤은 단숨에 분위기를 압도한다. 한참 유행하는 싸이 춤 동작에 폭소가 터지고 이런 흥겨운 분위기에 이끌려 모두 즐거워한다. 한류가 여기 동유럽까지 깊숙이 파고들어 뿌듯한 기분이 들었다.

한순간 한국 문화에 대한 자부심을 갖게 한다. 외국에 나오면 모두 애국자가 되는 모양이다. 외국인의 눈에 비치는 한국인의 모습은 어느 정도일까 하고 잠시 생각해 보았다.

8. 중세 역사의 산실, 수도원 멜크(Melk)

멜크 수도원은 도나우 강과 멜크 강이 합류하는 지점에 위치하고 있다.

이곳은 유서 깊은 멜크 도시 끝자락 울창한 숲으로 둘러싸인 드넓은 언덕에 사방 조망이 가능한 명당에 자리 잡고 있다.

멜크는 바하우 계곡으로 가는 관문 역할도 한다. 고대 로마시대부터 군사, 교통 요충지로서 중요한 역할을 했다.

도나우 강 평원 지역에서 가장 아름다운 바하우 계곡에 자리 잡고 있는 멜크 도시는 이탈리아 철학자 움베르트 에코에 나오는 추

수도원 멜크

리소설 "장미의 이름(The Name of Rose)"의 소설 배경에 등장하는 시골 마을과 도시로도 묘사되기도 했다.

수도원 정원에 타운 홀 광장과 고딕 양식으로 지어진 구 교회가 우뚝 서 있다.

멜크 사원은 976년에서 1106년까지 바벤베르크 왕조의 수도이었다.

1106년 바벤베르크 왕조가 왕궁과 주위의 땅을 베네딕투스 수도회에 기증했다고 전해 내려온다. 그 이후 개축해서 베네딕트 수도원으로 부르다가 현재의 멜크 수도원으로 명칭을 바꾸어 부르고 있다.

유럽 최고의 화려하고 멋진 바로크 양식 건축물인 사원에는 벽면에 파이프 오르간이 3천 개가 설치되어 있다. 오르간에서 울리는 장엄한 소리는 하늘에서 들리는 천상의 소리로 들리도록 고안

설계해서 엄숙한 분위기에 젖어들게 만든다. 그리고 천장에 그려진 천장화는 유명한 그림이라고 전한다.

그곳에 십만 여권의 고서가 저장되어 있다. 프랑스 왕녀 "마리 앙투아네트"가 지대한 관심을 갖고서 여러 번 이곳을 방문하기도 했다.

특이한 사항으로 황제의 복도는 대략 2㎞가 되는 길이이다.

신무기 대포 발달로 성곽이 무너지는 시기에 벽돌 찍는 기계, 자물쇠 14개가 달려 있는 금고 등 그동안 사용한 유물을 전시해서 그 시대 생활상을 보여주고 있다.

수도원에는 사철 푸른 정원수와 화사하게 만발한 여러 가지 꽃과 푸르른 녹색 잔디가 잘 가꾸어진 아름다운 정원이 있다.

가까운 곳에 유서 깊은 멜크 기차역이 있어 교통이 편리하며 국, 내외 여행객이 이 철도를 이용해 많이 찾아들어온다.

가장 아름답고 수려한 자연환경에 찬란한 역사를 지닌 멜크 수도원은 2000년 유네스코 세계문화유산으로 선정되어 등재되었다.

9. 문화예술의 도시 비엔나(Vienna)

오스트리아의 수도 비엔나는 2012년 세계에서 제일 살기 좋은 도시 1위로 선정되었다. 과거에도 상위권 서열을 늘 차지하고 있었다. 복지, 의료, 교육, 문화, 치안, 교통, 환경 등 모든 분야에서 골고루 수의를 차지하고 특히 안전, 지원 시스템이 우수하다.

물건을 잃을 경우 그 장소로 되돌아가면 거의 찾아서 신용사회를 이루고 있다. 오스트리아 비엔나 시민은 사업을 보던 사무를 보든 간에 저녁에 일찍 퇴근해서 가족 위주의 단란하고 화목한 생활을 한다.

창문을 통해서 강렬한 햇빛이 들어와 실내가 더워지면 블라인드 또는 커튼을 쳐서 서늘함을 유지하도록 노력하고 자연환경에 잘 순응하며 살기를 좋아해 문명의 이기인 에어컨은 보편적으로 통상 사용하지 않는다.

2차 산업이 전체의 35%를 차지해 주류를 이루며 국가에서 적극적인 지원정책으로 기술개발을 장려하고 있다.

철강, 토목, 건설 산업이 특히 발달해 있다. 특히 땅굴 파는 기계와 기술이 고도로 발달하여 세계 각국에 기계와 기술을 동반 수출하고 있다.

60년대 서울 남산 3호 터널 작업과 성수대교 설계도 오스트리아 업체가 참여했다. 기계 산업이 발달해서 자체 생산한 여러 가지 부품을 해외 각국에 수출하고 있다. 우리나라 기업체로는 삼성, LG 등 여러 업체가 진출해 있다.

금융업, 관광업처럼 부가가치가 높은 3차 산업에 많은 사람이 종사하고 보험업이 발달해 널리 그 운용기법이 통용되고 있다.

오스트리아는 대륙성기후이며 우리나라와 같이 4계절이 뚜렷하다. 봄, 가을은 짧고 겨울은 대략 6개월 동안이나 지속되어서 스키를 비롯한 겨울 스포츠 운동이 발달해 동계 국제 대회를 자주 개최한다.

유구한 역사를 자랑하는 아름다운 도시 비엔나는 문화와 예술의 도시이다. 고풍스러운 유적이 곳곳에 있어 역사적인 도시라고 부른다.

비엔나의 중심부에 있는 가장 화려한 게른트너 거리(Kerntner Street)는 만인이 좋아하는 이름난 거리이다. 이 중심거리는 국립오페라하우스에서 슈테판 성당까지 직선으로 이어진 보행자 전용 도로로 그 길이가 대략 1km에 이른다.

이 거리는 예술 조각 같은 고풍스럽고 찬란한 건물과 현대식 건물이 한데 어울려 조화롭고 활기차며 많은 사람이 몰려들어 마치 번화한 명동거리 같은 기분이 든다.

길거리를 따라서 화려한 점포들이 쭉 들어서 있다. 세계적인 명품을 판매하는 장소로 유명한 패션 디자이너 의류점, 사치품, 시계, 금은보석, 가방, 액세서리 등 전문점과 부티크, 레스토랑, 카페가 많아서 젊은 사람과 외국 관광객이 끊임없이 찾아드는 전통 쇼핑가이기도 하다.

게른트너 거리에 위치하고 있는 성 슈테판 대성당은 규모 면에서 오스트리아의 최대 고딕양식 건물이며 1359년에 건축되었다.

성당의 외관은 높이가 137m에 달한다. 지붕에 첨탑과 25만 개의 청색과 금색 벽돌로 만든 화려한 '모자이크 지붕'이 특이하며 이색적으로 다가온다.

대성당 길이 107m, 천장 높이가 39m로서 그리스도 역사상 최초의 순교자로 기록된 성인 슈테판의 이름을 따온 데서 유래되었다.

성 슈테판 성당 전경

보헤미아 왕이 세웠다는 '거인 문화'와 한때 이곳을 지배했던 시대에 건립한 '이교도의 탑'도 그대로 남아 있어 야릇한 문화적 충돌과 새로운 감성을 자아내고 있다.

성당 내부는 많은 사람이 끊임없이 몰려들어 구경하며 주위를 서성이고 있다.

또 일부 신도는 예배보고, 기도드리고 있어 관광과 성역 장소로 구분해서 접근 못 하도록 철창으로 막아 운영하는 모습이 이채롭게 보였다.

오스트리아의 유명한 음악가 모차르트 결혼식이 1782년 이곳 성 슈테판 성당에서 성대히 거행되었다. 매년 연말에 송구영신의 대행사가 이곳에서 엄숙히 거행되어서 많은 시민이 참석해 새해를 맞이하고 있다.

또 하나 명물 거리 링(Ring) 환상 도로는 옛날에 오스만 튀르크의 침공을 막기 위해서 도시를 둘러싸던 성벽을 19세기에 허물어 버리고 그 자리에 구도심을 에워싼 환상 도로를 건설했다. 길거리를 링처럼 만들어 명명된 이름이며, 그 길이가 대략 5km에 달한다. 이 링의 환상 도로는 트램 전차만 양방향으로 운행하고 있다. 모든 차량이 한 방향으로 움직여서 계속 돌다 보면 출발한 대로 다시 돌아오게 한 특수한 설계이다. 우리는 식당에서 나와 건널목을 건너고 있다.

중형 오픈 스포츠카 차량이 골목길에서 불쑥 나와 잠시 방향을 틀려고 회전하는 순간 트램 쾌도에 살짝 걸쳐서 달리고 있다. 이곳 교통 사정을 잘 모르는 필자도 좀 위험하게 보였다. 어디로 이동하나 계속 살펴보고 있는데 갑자기 교통경찰이 나타나 불시 검문에 운전기사가 당황하는 모습이 멀리서도 보인다.

고대 그리스 신전을 본떠서 건축한 아름다운 국회 의사당, 화려한 오페라극장, 박물관 등의 건물이 고색 찬란하며 고풍스럽게 보인다.

시내 거리에는 초호화 호텔이 많이 눈에 뜨인다.

이곳은 제2차 세계대전 시 치열한 전쟁터이었다. 대략 30% 이상 건물이 파괴되고 훼손되어서 재건축하고 복원하는 데 오랜 세월이 걸렸다고 한다.

오스트리아에서 주로 사용하던 '부르주와'라는 말의 유래는 이곳 성곽 안에 거주하는 귀족과 왕족을 총 털어 일컫는 말로서 오스트리아에서 생성된 용어이다.

오늘날 세계 여러 나라에서 부유층의 대명사로 널리 불리는 일반화된 용어이다.

오스트리아는 노벨상 수상자가 각 전문 분야별로 상당수의 인원을 배출한 경제, 문화 강국이다.

비엔나는 '음악의 도시'라는 또 다른 애칭으로도 불리고 있다. 세계적이며 전설적인 천재 음악가 모차르트를 비롯한 요한 슈트라우스, 베토벤, 슈베르트, 브람스 등 고전 음악의 대가들이 비엔나에서 주로 음악 활동을 했다. 그들은 수많은 명곡을 탄생시켰다. 음악가 묘역에 동시대의 유명한 음악가가 여럿이 묻혀 있다.

비엔나는 수려한 풍광과 정감 있는 음악이 있어 더욱 아름답게 느껴지고 있다.

특히 음악을 좋아하는 오스트리아 사람은 종합적 무대예술인 오페라를 즐겨 본다. 이름난 국립 오페라하우스, 브레겐츠 페스티벌, 상크르 마르카라벤 오페라 페스티벌이 세계적으로 유명하며 한국 유학생 중에는 음악 전공자가 많다고 한다.

500여 년 전통의 빈 청소년 합창단이 유구한 역사를 자랑한다. 세계적인 비엔나 휠 하모니는 3대 오페라 하우스에서 매주 경연을 하고 있다.

특히 국민이 즐겨 부르는 '왈츠'와 '요들송'의 본고장이기도 하다. 목동이 깊은 계곡에서 방목한 소와 양 등 가축을 불러 모으는 '요들송'은 우리에게도 친숙하게 다가온다.

요들송은 시대의 조류에 따라서 이제는 단지 영화나 연극무대에 등단하는 옛 노래로 자리매김하고 있다.

중세 화려한 궁중 무도회에 왈츠에 곁들인 왈츠 춤과 더불어 부르는 왈츠 노래는 환상적이다. 화려한 궁중 생활상을 보여주는 무도회 노래이다. 영화 장면에서 보여 주듯이 주로 마리아 테레지아 여제 집권 시 궁중 무도회를 자주 개최했다.

세계의 유명한 음악가들이 오스트리아 비엔나 무대에 서는 것을 평생의 소망으로 여기며 큰 영광으로 생각하고 있다. 더불어 한번 무대에 서면 높은 궁지와 자부심으로 그 유명세를 치르고서 이름난 명성을 몸에 지니고 승승장구한단다.

13세기에 건축을 시작한 호프부르크(Hofburg) 왕궁은 시대마다 개축과 증축을 계속해서 120여 년이란 장구한 세월 동안 공사해서 완공한 방이 2천4백 개에 달한다.

왕궁의 외관은 노란색의 3층 건물이다. 대규모의 거대한 왕궁이다.

여러 황제가 기거하는 동안 자신의 위력을 과시하기 위해서 집권 시대마다 건축물의 양식을 조금씩 바꾸어 구축해서 아름답고 독특한 건물이 유별나게 많다.

미카엘 광장을 향한 반원형 문 중앙에 위치한 금으로 입힌 아치형 청동 살은 수려한 장식이며, 왕궁 앞에 2개의 아름다운 큰 분수대가 위용을 자랑한다.

왕궁의 부르크 정문을 지나 앞으로 나아가면 광활하고 넓게 잘 정돈된 꽃밭 정원 마리아 테레지아 광장이 나온다.

호프부르크 왕궁은 1220년경부터 1918년까지 대략 650여 년 동안 합스부르크 왕가의 황제들이 주로 기거하며 부귀영화를 누렸던 왕궁이며 본궁이라고 한다.

  여기는 단지 궁전뿐만 아니라 주택, 박물관, 성당, 교회, 도서관 등이 군락을 이룬 비엔나 안의 또 하나 성안의 소도시를 이루고 있다.

  지금은 대통령 집무실로 사용되며 미술관, 박물관, 전쟁박물관, 악기 박물관 그리고 국제회의장이 있고 세계에서 제일 오래된 승마학교가 이곳에 있다.

  나폴레옹에게 대승을 거둔 카를 장군과 나폴레옹의 장인 프란츠 2세의 기념 동상이 왕궁 앞에 세워져 세월의 무상함을 일깨워 주고 있다.

10. 제국의 빛나는 궁전들

  쉔부른 궁전은 프랑스 베르사유 궁전을 표본으로 삼았다. 잘 정돈된 정원과 분수대, 조화를 이루는 정교한 조각상 등은 프랑스식 궁전으로 화려하게 꾸민 정원과 함께 세계문화유산에 올라있다.

  1569년 막시밀리안 2세에 의해 최초로 건축되었다. 수차에 증·개축을 통해서 오늘날 화려한 로코코양식의 건물에 방을 1,441개나 들였다.

  오스트리아의 여러 황제 중에 훌륭한 업적을 남긴 마리아 테레지아(Maria Theresa, 1717~1780)라 불리는 유일한 여제가 있다.

  그녀는 1717년 비엔나에서 태어나 1736년 19세 때에 프랑스 로

웅장한 쇤부른 궁전

레인 가문의 프란시스(Francis)와 결혼한다. 남편은 프란시스 1세가 되어 신성로마제국의 황제가 된다.

그녀의 아버지 샤를르 6세는 슬하에 아들은 없고 딸만 둘이다. 샤를르 6세는 큰딸 마리아 테레지아의 사람 됨됨이를 잘 살펴보고서 다음 황제로 계승한다는 칙령을 발포한다. 여자를 황제로 임명을 극구 반대하는 주 세력 프로이센 프레데릭 지지자와 오스트리아의 왕위 옹립 우호세력 간에 '오스트리아 왕위 계승 전쟁'이 일어났다. 그 전쟁은 무려 8년 동안 지속된다. 그 이후 몇 년 지나서 프로이센이 동맹국 작소니(Saxony) 왕국을 침공하는 악연으로 또 7년 전쟁을 치렀다. 재임기간 중 총 15년이란 오랜 세월 피비린내 나는 전쟁을 치러 국력이 쇠락의 길로 접어드는 계기가 된다.

독실한 기독교 신자인 마리아 테레지아 여제는 재임 기간에 새로운 제도 도입과 개혁으로 합스부르크 왕가를 확고한 반석 위에 올려놓은 훌륭한 여제로 정평이 나 있다. 프로이센과 두 번에 걸친 전쟁으로 피폐해진 국력을 강화하기 위해서 군대를 증강한다. 1752년 세계 최초로 장교를 육성하는 사관학교를 개설한다.

1754년에 비엔나 공과대학과 의과대학을 신설해 새로운 공업기술과 의술의 발달 기반을 조성한다. 1774년 의무교육을 장려해서 우수한 공무원 양성의 길을 터준다.

유럽 최초 동물원을 개설하고 멜크 수도원에 학교를 설립하여 수도원 역할을 강화하도록 한다. 정치 시스템을 개혁해서 지속적으로 미비점을 보완 발전시켰다.

강대국 프랑스, 러시아와 손잡고 황실의 권위를 강화한다. 호화 궁전을 신축하고 개축해 위엄 있는 왕실을 확립한다. 그 외에 여러 가지 새로운 정책을 개발해서 국정에 반영해 획기적인 발전을 이루었다.

왕궁에 마차를 타고 들어 와도 요란한 소리가 나지 않도록 나무를 깔아 소음을 줄였다. 왕족의 전통 색깔을 황금색으로 바꿔서 화려하고 호화롭게 치장해서 대외적으로 위업을 과시했다. 궁전 천장에 커다란 샹젤리제를 달아 화려한 면모를 보여주고 왕실 연회장에서 무도회를 자주 열어 초호화 궁중 생활의 면모를 보이면서 매사에 검소한 생활을 영위해 타의 모범을 보였다.

마리아 테레지아 여제는 지극히 사랑하는 남편 프란시스와의 사이에 1738부터 18년 동안 무려 15명의 자녀를 두었다.

낳은 자손이 많아서 유럽의 제국 또는 왕실에 정략적인 결혼을 시켜서 더욱 왕권 강화와 기반 조성에 기여했다.

프랑스의 부르봉 왕가와 오스트리아의 합스부르크 왕가는 서로를 싫어하면서도 오스트리아 막내 공주 마리 앙투아네트를 정략적으로 결혼을 시켜서 혈연을 맺었다.

프랑스 루이 16세 황비가 된 공주 마리 앙투아네트는 사치스러운 궁중 생활을 하고 있었다. 보다 못한 그녀의 어머니 마리아 테레지아 여제는 딸에게 검소한 생활을 하도록 꾸짖은 일화는 세간에 유명하다.

프랑스 대혁명 시 루이 16세와 마리 앙투아네트는 폭도들에 의해 함께 참수형을 당한 비운의 황후이다.

한편 정사를 돌보지 않고 너무나 방탕한 생활로 명을 단축한 마리아 테레지아 여제의 남편 프란시스는 1765년에 세상을 먼저 떴다고 한다.

남편을 지극히 사랑했던 마리아 테레지아는

"나더러 어찌 살라고 먼저 가시나이까?"

"나 혼자 어떻게 살라고 먼저 가시 오니까?"라고 절규하며 애절한 사랑을 안타까워 울부짖은 여제는 그 이후부터는 삶의 의욕을 잃어버리고 슬픈 감정을 억누르며 사랑하는 남편을 그리워하다가 슬픈 여생을 마쳤다고 전한다.

1780년 11월 향년 68세로 세상을 떠날 때까지 무려 15년 동안 검은 상복을 입고서 바쁜 정사에도 불구하고 시간을 틈틈이 내어 남편 묘소에 방문한 마리아 테레지아 여제는 사후에 지극히 사랑하는 남편 옆에 마련한 관에 합장한 열부라고 한다.

큰아들 요셉을 신성로마제국의 황제로 등극시킨 후에도 세상을 뜰 때까지 황제의 자리를 양위하지 않고 섭정을 했다.

쉰부른 궁전은 마리아 테레지아 여제의 여름 별궁이다. 동유럽 제국의 3대 궁전 중 제일 넓고 호화롭게 지었다. 궁전 내부에 방이 1,441개 중 40개만 개방하고 있다. 나머지 방에는 화려한 가구와 그림으로 채워져 그 시대의 궁중 생활상을 일부라도 엿볼 수가 있었다.

'아름다운 샘'에서 유래한 쉰부른 이라는 이름은 프랑스 벨 사이유 궁전에 버금가는 호화스러운 궁전으로 대략 2㎢에 달하는 광대한 정원에 그리스 신화를 연상케 하는 44개의 조각상과 조개의 신을 형상화한 네튼 분수대가 설치되어 있다.

섬세하고 우아한 예술을 가미해 자연과 아름다운 조화를 이루도록 설계해서 프랑스식 정원에 못지않게 화려하다.

정원에서 바라보면 저 멀리 언덕 위에 18세기 프로이센과 전쟁에서 승리를 축하하기 위해서 만든 승전 기념탑 글로리 에터(Gloriette)는 웅장한 모습으로 다가온다.

오스트리아의 모든 궁전과 정원에 입장 시는 버낭 착용을 엄격히 금지할 뿐 아니라 남에게 불편과 불쾌감 주는 모든 행위의 금지로 상대방을 세심하게 배려하는 수준 높은 문화의 척도였다.

11. 아름다운 벨베데레(Belvedere) 궁전

1683년 오스만 터키제국의 침공 시 격퇴한 전쟁영웅이며 사보이 왕가의 오이겐을 위해서 세워진 여름 궁전이다.

오스트리아 바로크 건축가 거장 힐데브란트가 세운 아름다운 궁전이다.

벨베데레 궁전의 2가지 특징은 첫째 잘 정돈된 아름다운 정원, 두 번째는 정원을 내려다보는 살라 테레 나가 천사조각상이 화려하게 돋보인다는 사실이다.

1714~1723년에 걸쳐서 완공되었다. 중앙 정원을 중심으로 상궁과 하궁으로 나눠진다. 궁전 건물은 현재 미술관으로 사용한다.

상궁의 중앙홀은 1955년 미국, 영국, 프랑스, 소련의 대표가 함께 모여 오스트리아의 주권 회복을 위해 조약을 체결한 역사적인 장소이다.

아름다운 벨베데레 궁전

미술관에는 19~20세기 현대 미술품을 전시하고 있다. 특히 크림트의 작품인 'KISS'와 'JODIIN'이 전시되어 미술 애호가의 발이 끊이지 않는다.

하궁은 왕가의 가족이 주로 거처하는 곳으로 아름다운 가구와 유명한 그림이 비치되어 있다. 특히 중세 바르크 시대 미술품 '다비드의 나폴레옹'을 전시해 눈길을 끈다.

1723년에 건축한 상궁은 다양한 행사를 위한 공연장, 연회장으로 사용하고 있다.

벨베데레 궁전의 상, 하궁 넓은 공간에 오스트리아 역대 화가의 유명한 그림을 전시하고 있다.

유명한 화가 구스타프 클림트에 대하여 더 자세히 알아보았다.

클림트의 명작 '키스'는 신혼부부의 복잡한 정신 상태의 내면세계를 그림으로 표현한 아주 유명한 작품이며 자체에 그려진 심오한 뜻이 함축되어 있는 명화로서 세계인이 보고 열광한다. 그림에 대한 문외한이라도 쉽게 이해할 수가 있어 좋았다.

구스타프 클림트(Gustave Klimt 1862~1918)는 오스트리아 비엔나에서 평범한 귀금속 세공사 가정에서 태어난다. 가난한 어린 시절을 보내며 비엔나 공예미술학교에서 공예와 회화를 배웠다.

졸업 후에 돈이 없어서 아르바이트하고 벽화나 초상화를 그리며 인기 없는 화가 생활을 하던 중 특히 여성을 주제로 하는 작품에 강렬한 황금빛을 입혀서 과감하고 도전적인 에로티시즘의 미술 작품을 창조해 냈다.

그가 주로 황금색을 사용하는 도금 기술은 부친의 세공술과 깊은 관련이 있지 않나 생각하고 있다.

어느 날 귀족 부인이 인물화를 부탁해서 금을 활용해 덕지덕지 부쳐서 화려한 초상화를 그렸다. 그로부터 여성의 인기와 선호 대상이 되어 명성을 얻었다고 한다.

오스트리아 상류층 사교계의 부인은 그가 그리는 초상화를 갖

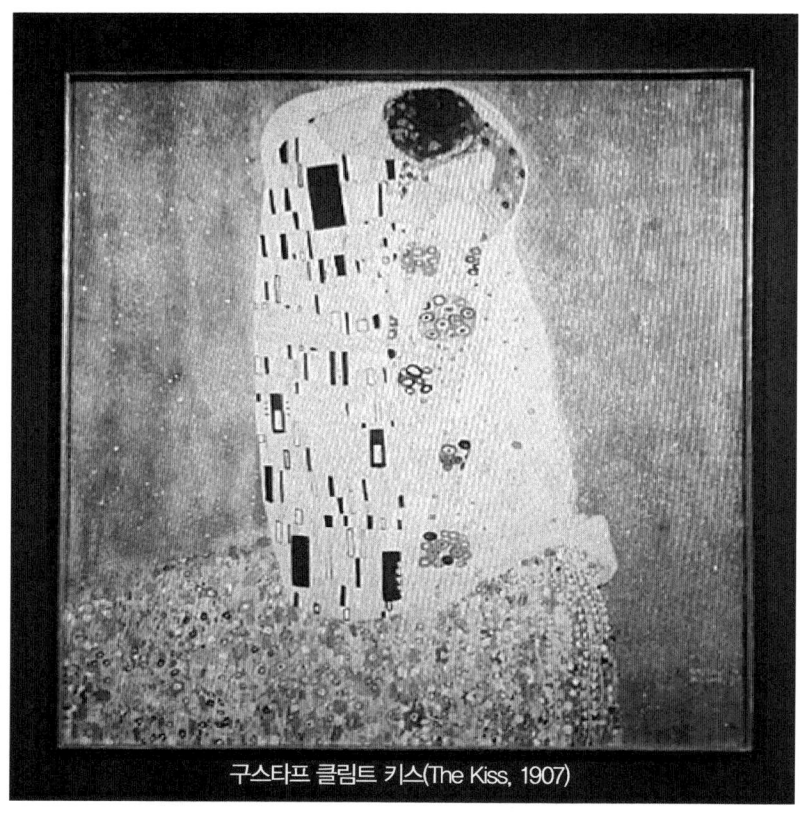
구스타프 클림트 키스(The Kiss, 1907)

고 싶어 안달이 나서 자연히 여성 사이에서 최고의 인기를 누리는 이름 있는 초상화가가 되었다.

여성을 주제로 에로틱한 그림이 주종을 이루자 그 당시 오스트리아의 유명한 화가들이 벌떼같이 일어나 성을 주제로 그림을 그리는 것은 순수하지 못한 예술에 역행하는 처사라고 신랄하게 비판했다.

그 이후 세월이 한참 흐르고 시대조류가 바뀌면서 거세게 비판했던 당대의 이름 있던 화가들은 유명한 화가 이름 반열에 들어가

보지도 못하고 흔적도 없이 사라졌다.

구스타프 클림트는 메리 스톤과 결혼 생활을 하다가 나중에는 공교롭게도 그와 사돈지간인 의상 디자이너 에밀리에 플뢰게를 사랑하게 된다.

1906년 결혼 기념 여행을 다녀온 후에 "키스(The Kiss, 1907)" 작품을 그린 것이 세계의 명작 반열에 오르게 되었다.

얼마나 유명한 그림인지 사람은 죽기 전에 100가지하고 싶은 일 중에 "키스" 명화를 꼭 보고 죽는 것이 한 가지 스원을 푸는 일이라고 세간에 날 정도로 세계인이 보고 싶어 하는 유명한 그림이다.

부모의 유전으로 동생은 뇌경색을 앓다가 그보다 일찍 사망한다.

그는 1918년 1월 뇌졸중을 앓다가 갑자기 쓰러져 신체 일부의 마비 증상으로 고생하며 투병하고 있었다. 그러는 동안 공교롭게도 유행하는 스페인 독감에 걸려서 한 달을 버티다 평생 연인이자 동반자였던 에밀리에 플뢰게가 지켜보는 가운데 56세의 나이로 세상을 떴다.

그는 주로 여성 모델을 상대로 초상화를 그리다 보니 자연히 뭇 여성 선망의 대상이 되었다. 그런 연유로 사후에 14명의 자식이 나타나 친자 확인 소송을 하는 둥 법석을 떨어 유전자 조사까지 받은 일화는 유명하다.

에밀리에 플뢰게는 클림트가 간 지 36년 뒤 78세의 나이로 이 세상을 떠날 때까지 누구와도 결혼하지 않고 오르지 클림트와의 순수한 사랑의 추억만 고이 간직하고서 살았다고 전한다. 아름답고 순수한 영원한 사랑의 징표며, 사랑의 완성자가 아닌가 생각이 든다.

오스트리아 비엔나는 세계 음악가들이 무대에 서보고 싶어 하는 '음악과 예술의 도시'로서의 역할뿐만 아니라 고풍스럽고 찬란한 유적과 바로크, 로마네스크, 르네상스 양식의 건물이 혼합되어 조화를 이루는 고색 찬란하고 변화한 도시이다.

세계적으로 이름난 미술 작품, 고색 찬란한 거리, 수려하고 아름답게 잘 정돈된 공원, 매혹적인 동호인 와인바, 카페 등 외부세계에 잘 알려지지 않은 이름난 명소가 많다. 수많은 예술인이 모여 앉아서 자욱한 담배 연기 속에 초상화를 스케치하고, 음률을 수놓아 작곡하고, 소설을 쓰는 카페의 풍경을 구상해보자.

그 얼마나 서정적으로 이끌리는 환상적인 그림의 연출인가?

그동안 여행 중에 아름답게 가슴에 아로새긴 여러 추억을 뒤로하고 마지막 날 저녁은 오스트리아에서 제일 유서 깊은 장소에 들렸다.

우리나라 평창동처럼 상류층이 주로 살고 있는 '비엔나 숲'의 상가제(Sandgasse)에 위치한 유명한 식당 헹글(Hengl, 창업년도 서기 1137년)에서 식사하기로 했다.

푸르고 울창하며 녹색의 숲으로 둘러싸인 아름다운 자연을 최대한 살려서 건축한 건물은 넓고 아름다운 전통식당이다.

실내외에 무려 2천여 석이 넘는 이 어마어마한 크기의 대 식당에는 너무나 많은 손님이 한꺼번에 밀려들어 여기저기 구석구석에 손님이 꽉 차서 붐빈다.

식탁에 둘러앉아서 동료들과 반주와 식사하며 왁자지껄 요란한 말소리가 주위를 달궈서 산만한 분위기를 만들고 있다.

외국 관광객 포함 수많은 사람이 식사 때를 맞추어서 일시에 몰려온다. 안내자를 잘 만나 우리는 빈자리를 겨우 잡을 수가 있었다. 잠시 한눈을 팔면 일행이 어디에서 움직이는지 도무지 알 수가 없을 정도로 번잡한 시장통 같았다.

식단으로 나오는 전통음식은 그릴로 만든 수육, 훈제요리, 소시지 그리고 신선한 야채로 다양하고 푸짐하게 차려진 테이블에는 예쁜 컵 2개가 나왔다.

한 컵은 물 컵이고 한 컵은 와인 잔이라고 한다.

자사 농장에서 무공해로 재배한 포도를 수확해서 오랜 기간 숙성시켜서 직접 주조한 전통 백색 와인(White Wine)이라고 한다. 특유의 맛과 향 때문에 인기가 높다. 손님이 방문하면 반드시 음식과 함께 한 세트로 나온다. 와인은 병당 12유로(용량 2천cc, 한화 18,000원)라고 한다.

8명이 둘러앉는 커다란 식탁에는 우리 부부, 분당 정일제 부부, 순천 이승일 부부, 그리고 안성 윤학열 부부 등 8명이다.

와인 맛은 부드럽고 상큼한 향이 나며 약간 달콤해서 누구나 마시기 좋다.

우리는 돌아가면서 건배하고서 순천 이 씨 부부의 다가오는 장녀 결혼을 더불어서 축하하며 건배를 곁들였다.

한참 기분이 좋아지고 즐거운 대화를 나누는 중에 우리 식탁 앞에 아코디언과 기타 치는 악사 둘이 와서 축가를 부르고 왈츠 노래로 흥을 돋운다. 잠시 여독을 풀며 즐겁고 행복한 추억의 밤을 가졌다.

오늘은 토요일이라 명일은 식당 문을 열지 않는다고 강조한다. 특히 여권을 잘 간직하고 있는지 휴대 물품을 잘 점검해 보란다.

만약에 여권 넣은 가방을 잃어버리면 다음 날은 찾을 수가 없단다. 다음번 비행기로 귀국해야 하므로 특히 여권에 신경 쓰라고 신신당부한다.

지난여름 어느 날 이곳 식당에서 여권을 잃어버린 여행자는 그 다음 날 출국을 하지 못하고 여러 날 비엔나 호텔에서 묵으며 새로운 여권 수속을 밟아 귀국하느라 많은 시간과 경비가 들었다는 일화를 알려주며 주의하란다.

여기 식당은 세계적으로 이름이 난 영화배우를 비롯해서 국가의 저명인사가 많이 방문한다고 한다. VIP 인명 란에 방문자 이름이 쓰여 있어 평소 알 만한 사람의 이름이 보인다. 이곳은 한국의 평창동과 같은 부촌이며 비엔나에서 제일 살기 좋은 곳으로써 임대료도 비싸다고 한다.

잠깐 식당 문에 걸려 있는 소나무에 대하여 설명한다.

식당 문 앞에 소나무 가지가 거꾸로 걸려 있으면 그 음식점은 영업을 하고, 바로 걸려 있는 음식점은 장사를 안 한다는 뜻이란다. 음식을 사 먹으려면 식당의 소나무 걸린 상태를 눈여겨보아야 한다. 중세 시대부터 내려온 전통이라며 음식점이 잘 되는 식당은 부자가 되므로 배려 차원에서 돌아가면서 음식점 문을 연 데서 착안한 방법이란다. 그리고 이 지역에서 그리 멀지 않은 곳에 베토벤이 살았던 집을 둘러보며 자연스럽게 오스트리아 음악가에 대하여 좀 더 알아보는 시간을 가졌다.

12. 세계를 빛낸 천재 음악가들

천재 음악가 볼프강 아마데우스 모차르트(Wolfgang Amadeus Mozart, 1756.1~1791.12)는 잘츠부르크 케트라이데 마을에서 아버지 레오폴드와 어머니 아 난 마리아 사이에 7번째 막내아들로 태어났다.

다섯 살 생일날 부모가 지켜보는 가운데 '미느에트와 트리오'를 30분 만에 익히고 피아노를 쳤다. 그의 음악성에 천재적인 재능을 발견하고서 이에 놀란 아버지는 평소 자기가 못 이룬 음악가의 꿈이 아들로부터 이루어지는 순간이었다고 기뻐했다. 그의 천재 아들은 가문의 영광이며 재산이라고 자랑했단다.

그 이후 음악에 심취한 모차르트는 여섯 살부터 전 유럽을 순회하며 이어진 연주는 가는 곳마다 열광과 환호를 받아 그 수입으로 풍족한 생활을 했다.

모차르트는 36년 이란 짧은 생애를 마쳤으나 그의 음악성은 한마디로 '사랑'을 갈망하는 주제가 주류를 이룬다. 한 인간의 육체를 음률로 표현해서 온몸으로 듣고 느끼게 하는 천재성을 발휘했다고 한다.

모차르트는 6살 때 작곡한 K.1의 피아노곡, 8살 때 여행 중에 작곡한 제1 교향곡 K.16은 아무리 신동이라도 작곡이 쉽지 않은 하늘에서 내린 천재 음악가였다고 한다. 그의 마지막 10년은 비엔나에서 바이든, 베토벤과 함께 고전주의 음악을 완성했다.

음악의 성인 루트비히 판 베토벤(Ludwig van Beethoven, 1770~1827)은 독일 본에서 출생했다. 어릴 적부터 피아노에 천재 소리를 들었다. 7세 때 연주회를 열었다. 1787년 17세 때 비엔나 여행 시 모차르트를 만나 음악에 대한 열정을 꽃피웠다. 1792년은 바르트 슈타인 백작의 주선으로 비엔나에 유학했다.

베토벤의 음악성은 대부분 약간 어둡고 진지한 면이 있는 반면 모차르트는 밝고 경쾌한 곡이 많다. 평소 생활이 음악에 지대한 영향을 주지 않았나 생각이 든다. 유명한 곡은 '운명 교향곡', '영웅', '엘리제를 위하여' 등이며 고전음악의 완성자라고 한다.

가곡의 왕 프란츠 피터 슈베르트(Franz Peter Schubert 1797~1828)는 비엔나 교외 리히텐탈에서 가난한 교사의 가정에서 태어났다.

그는 어려서부터 음악에 남다른 소질과 열정이 있어 거의 독학으로 공부했다. 그는 가곡을 비롯해서 관현악곡, 실내악, 피아노곡 등 우수한 작품을 수없이 남겼다. 독일 낭만파의 최고봉이다. 근대 가곡의 창시자로서 주옥같은 명곡 650곡을 남긴 "가곡의 왕"이라고도 부른다. 음악의 악상은 늘 풍부하게 샘처럼 넘쳐흐르며 아름다움이 주옥처럼 빛이 낫다고 한다. 그는 몹시 가난한 생활을 하면서 지병인 현기증(충혈 증세)으로 시달려 아쉽게도 31살에 생을 마감한다.

비엔나는 그 당시 유명한 음악가의 흔적과 삶이 묻어 있다. 베토벤이 거주하고 운명이 탄생한 파스콸리타 하우스, 모차르트가 가족과 함께 살았던 피가로 하우스, 슈베르트 생가, 하이든, 요한 슈트라우스 기념관이 곳곳에 있어 음악 애호가의 발길이 끊이지 않는다.

오스트리아 비엔나의 화려한 외관을 자랑하는 국립 오페라 극장에서 연중무휴로 열리는 오페라 상연은 세계적인 명성을 얻는 기회가 주어진다.

화려한 거리를 따라서 이동하고 있다. 금빛 찬란하게 빛나는 황금 지붕이 보이고, 대중 교통수단으로는 시내 전차와 전기 시내버스가 조용히 시내를 질주한다. 동계 올림픽을 치른 올림피아 호텔, 복잡한 시내 거리를 벗어나 산기슭에 옹기종기 모여 있는 아름다운 주택이 동화에 나올법한 모습으로 다가온다. 여기는 알프스 산악지대라 높은 산에는 사시사철 눈이 쌓여 있다.

스키어들이 타고 올라가는 리프트가 보이고, 산 계곡에 하얀 눈이 쌓여 있다. 산이 무척 높다. 주위는 높은 산으로 둘러싸고 산과 산 사이 고속도로가 달리고 약간 쓸도 있는 땅은 주택이 들어서 있다, 여기는 높은 지대라 산 계곡을 따라서 안개가 아래까지 길게 깔려 있다. 대낮인데도 불구하고 높은 산 계곡에 안개가 자욱하게 감싸고 있어 신비감마저 보인다. 9월인데도 높은 지대라 춥다.

높은 산 계곡 사이에 고속도로를 따라서 버스가 운행하고 있다. 고속도로변에 고풍스러운 큰 호텔이 보인다.

높은 산 사이에 옥수수 밭과 목초지가 넓게 자리 잡고, 산과 산 사이 계곡에 뿌연 안개가 피어오르는 고속도를 따라서 달리고 있다. 주위 자연 풍광이 아름답다.

　근접거리 저택발코니 창문턱에 달아 놓은 아름다운 꽃 넝쿨이 주위를 화사하게 만드는 진풍경이 다가왔다 사라진다.

　우리 일행은 다음 여행지 헝가리 부다페스트로 향발했다. 이제 장시간 버스 여행이 끝나고 헝가리 국경을 넘어 들어서고 있다.

IV. 중앙아시아 유목민이 세운 헝가리
(Republic of Hungary)

헝가리 지도

공식 명칭은 헝가리 공화국(Republic of Hungary) 이다.

면적은 93,030㎢(남한 면적보다 약간 적음)이고, 전체 인구는 970만여 명이다.

수도는 부다페스트(Budapest)이고, 인구 2백만여 명이 살고 있다.

민족은 마자르족이 92%, 슬로바키아인, 독일인이다.

언어는 우랄 알타이어 계통의 헝가리어이다.

종교는 가톨릭 52%, 칼 맹주의 16%, 개신교를 믿는다.

정체 중앙집권 공화제, 국가 원수는 대통령이며, 정부 수반은 총리가 맡고 있다.

의회 형태는 다당제이며 단원제이다.

위치는 중동부 유럽의 내륙 국가이다.

기후는 전형적인 대륙성 기후이다.

화폐단위는 헝가리 포린트(FT)화이다. 나라꽃은 튤립이다.

국기는 위에서 아래로 빨강색, 하얀색, 초록색 3색이다. 빨강색은 힘, 하얀색은 성실함, 초록색은 희망을 상징한다.

1. 역사적 배경

헝가리가 자리 잡고 있는 이 지역(서부, 판노니아)은 기원전 14세기경 로마 제국의 일부였으며 게르만계 부족과 아시아 종족이 거주하고 있었다.

5세기경에 중앙아시아 우랄 산맥과 알타이 산맥 사이 초지에서 아시아계 유목 생활을 하던 몽골인의 한 부족인 마자르족(금발에 미인이 많음)이 서쪽 유럽으로 이동해와 이 지역을 차지한다. 896년 마자르족의 수장인 아르파드가 부족 국가의 기초를 세운다.

1000년에 즉위한 아들 이스트 반 1세(재위 997~1038)는 헝가리 초대 왕으로 나라의 기반을 다진다. 그리스도교 전파에 힘쓰면서 국방을 튼튼히 하고 내실을 강화해서 한 동안 왕국의 융성기를 맞이한다.

1241년~1242년경 몽골군은 헝가리에 침입해 다을과 성곽을 초토화한다. 그 여파로 인구의 절반 이상이 희생되고 왕국 전체가 파괴되어 쇠락의 길로 접어들어 존립 자체가 위태로 왔으나 기사회생한다.

1458년경 마티아스 코르비누스 왕(재위 1458~90)이 지배하던 시절은 중부 유럽 제일의 강국이 된다. 문화적으로 융성한 발전을 이루어 르네상스의 개화기를 맞이한다.

1526년 초에 침입한 오스만 튀르크와 모사치 전투에서 패한 후 약 200여 년간 국토의 대부분을 내어주는 수모를 당한다.

1686년 이후 헝가리는 3개 지역으로 크게 분할되어 타민족의 지배를 받았다. 주요한 서부 핵심지역은 오스트리아 합스부르크 왕가의 지배를 받고, 동부지역 일부는 오스만 튀르크의 지배하에 자치권을 누렸다. 중부지역의 대평원은 직접 오스만 튀르크의 통치를 받았다.

오스트리아 비엔나에서 혁명이 일어나 그 틈에 헝가리는 독립을 선포한다.

1867년 오스트리아와 헝가리의 조약 체결로 한동안 이중 제국의 왕국을 유지한다.

1914~1918년 제1차 세계대전 시 독일, 오스트리아와 동맹한다. 전쟁이 끝난 1918년 10월 오스트리아와 헝가리 제국은 마침내 분리 해체 독립한다.

유럽에서 폴란드와 헝가리는 강대국 사이에 끼어서 외세에 가장 처절한 수모를 당한 나라이다. 헝가리는 1천 년 건국 역사에 900번 이상의 외침을 당한 전쟁의 나라이다. 우리나라는 5천 년 역사 이래 960여 번 외침을 당해서 우리와 비교 시 5배나 더 전쟁을 치렀다.

제1차 세계대전 시 헝가리는 영토와 국민의 72%를 다른 나라에 빼앗기는 수모를 당한다.

영토 일부를 루마니아, 체코슬로바키아, 유고슬라비아, 오스트리아, 폴란드, 이탈리아가 조금씩 떼어 나누어 가진다. 영토가 쪼그라든 헝가리는 이에 격분해 잃은 영토를 회복하기 위하여 제2차 세계대전 시는 독일, 이탈리아 편에 서서 전쟁에 협력하다가 패하여 이 지역은 소련군이 점령한다.

1949년 공산정권이 들어서고 소련의 위성국으로 전락해 공산화가 된다.

1989년 공산 체제하에 짓 늘렸던 헝가리는 소련 연방 해체와 동시에 동유럽을 휩쓴 자유화 물결로 헌법을 개정하고 선거를 실시해 자유 민주주의 국가로 탄생했다.

동유럽 여러 나라는 헝가리의 정치체제 변화를 보고서 사회주의 국가체제를 자유민주체제로 전환하는 시발점이 되었다. 1990년 5월 헝가리에 민주 정부가 들어서고 자유 민주국가로 탄생하는 계기가 되어서 45년 동안 공산주의 통치가 막을 내린다.

헝가리는 유럽의 잦은 전쟁 소용돌이에 휩쓸려 수 세기 동안 수란을 겪으며 강대국의 틈바구니 속에서 왕정체제를 유지하다가 주권을 잃어버리는 악순환을 수없이 겪으면서도 외세의 모진 세파, 격랑과 질곡의 시대를 거치며 오늘날까지 독립국으로 유지하고 있다.

2. 자연환경과 산업발달

중부 유럽의 헝가리는 북쪽으로 슬로바키아, 동쪽으로 루마니아, 남쪽은 슬로베니아, 크로아티아와 세르비아, 서쪽은 오스트리아와 경계를 이룬다.

헝가리의 지형은 2곳은 저지대와 2곳은 고지대 등 4개 지역으로 구분되어 있다.

2곳의 저지대 가운데 비교적 면적이 넓은 노디오르 필드 대평원은 헝가리 면적의 절반을 차지하고 있다. 그곳은 광활한 지역으로서 동남부에 위치하고 있다. 그보다 면적이 작은 북서쪽 키슈를 필드 소 평원은 지대가 완만해 해발 400~700m에 이르며, 트란스다누비아는 북동쪽 고지대는 북부 산맥이 뻗어 있다. 마트로 산맥에 최고봉 케케슈 산 높이 1,015m이다.

독일의 슈바르즈발트에서 발원하는 다뉴브 강(독일어 도나우 강)은 중부 유럽 헝가리 수도 부다페스트를 가로 흘러서 남동 유럽 여러 나라를 거쳐 흑해로 빠져들어 간다.

티소 강은 북쪽의 카르타피아 산맥에서 발원해 유럽 중부 우크라이나, 슬로바키아, 헝가리, 세르비아 등 여러 나라 평야를 거쳐 흑해로 흐른다. 강 유역은 비교적 저지대로 평원이 많다. 하절기에 접어들어 다뉴브 강은 자주 홍수로 범람한다.

내륙지방인 헝가리는 유럽에서 제일 큰 호수 발라톤 청정 호수가 있다. 바다가 없는 오지에 하늘에서 내려준 천혜의 보고이다. 호수 주위에 유락 시설이 발달해 한여름 리조트 지역으로서 유원지 역할을 톡톡히 한다.

헝가리는 대륙성 기후이지만 겨울은 그리 춥지 않다. 하절기는 평균 섭씨 18~23도를 유지한다. 연평균 섭씨 10도 정도 온화한 기후이며, 연간 강수량은 600~700mm 정도 된다.

경작면적은 전체 면적의 60%를 차지해 풍부한 토지를 보유하고 있다.

헝가리는 1989년까지 정치, 경제정책이 중앙통제 정책 위주의 사회주의 경제체제를 유지했다. 모든 중소 대기업은 나라에서 소유·통제했다. 그리고 경작지의 70% 이상을 집단농장으로 운영했다. 그 결과 공산주의 체제는 모든 생산 활동이 저조해 비효율적이며 비능률적이었다. 자기가 맡은 분야의 일을 성실히 수행하지 않아 국가 사회 전반에 지대한 영향을 주어서 어렵고 힘든 결핍된 생활을 했다.

그런 단점을 보완하고 생산성 극대화를 위해서 1990년경에는 중앙통제경제체제에서 자본주의 시장체제로 서서히 전환하면서 산업 전반에 온기가 돌아 발전하기 시작한다. 그 당시 전체 노동인구의 15%가 농업에 종사하고, 농업의 국내총생산(GDP)은 전체 산업의 약 13%를 차지해 영세했다. 경작지는 전 국토의 60%를 차지하고 있었다.

주 생산 곡물은 옥수수·밀·보리이다. 그 외 사탕무·감자·포도·토마토·수박 등도 재배한다. 헝가리는 농산물 수확으로 자체 자급자족이 가능했다.

국토의 12%가 목초지이다. 평야와 목초지에서 돼지·소·양 등의 가축을 사육한다. 양봉업이 발달해 벌꿀을 많이 생산한다.

천연자원으로 보크사이트가 많이 매장되어 있다. 그 외 적지만 철광, 칼륨, 구리 등이 생산된다. 기타 석탄, 석유와 천연 가스전이 발견되어 개발하고 있다.

시장경제 자본주의 체제로 전환 후에 점진적인 산업의 발달로 공업은 세분화 다양화되어 GDP의 25% 이상을 차지하고 전체 노동인구의 30%를 고용하고 있다. 주요 생산품은 다양해서 시멘트, 조강, 선철, 알루미늄, 석유, 천연가스, 비료, 직물, 의류, 전자제품, 텔레비전, 라디오, 전기기계류, 버스, 기관차, 열차를 생산한다.

헝가리 전체 전력 소비의 절반가량은 화력발전으로 충당하고, 나머지는 원자력발전소에서 공급한다. 관광업은 주요 외화 수입원이다

국제수지에서 수출입은 균형을 유지하고 있다. 주요 수출품목은 전기기계류를 비롯한 기계류, 자동차, 화학제품, 육류 및 육류 가공품, 직물 및 의류 등이다. 그 외 원광은 수입해온다.

주요 교역대상국은 러시아 연방, 독일, 오스트리아 등이다.

3. 근대화의 역사적인 인물

헝가리는 9세기경에 중앙아시아 우랄 산맥과 알타이 산맥 사이 초지에서 유목 생활하던 마자르 족장이 7개 부족을 이끌고 서쪽으로 이동하여 비옥한 땅 유럽의 요지를 차지한다. 12세기경에는 몽골군의 침략으로 마을과 성곽이 초토화되고 인구의 절반을 잃는 희생이 따라 왕국 자체의 존폐위기가 있었다. 중세 이후 강대국 사이에 끼어 수많은 질곡과 수난 시대를 거치면서 오늘에 이른다.

• 마차시 1세(Matyas 1443~1490) 왕은 이탈리아 르네상스를 받아들여 예술, 과학, 법률 등에 획기적인 발전을 이룩한 헝가리 역사에 가장 빛나는 역할을 한 왕이다.

• 요세프 퓰리처(Joseph Pulizer, 1483~1546)는 헝가리 출신의 미국 언론인이다. 사후 그의 유언에 따라 기금을 조성해 매년 세계 언론인을 대상으로 퓰리처상을 시상하고 있다.

• 프란츠 리스트(Franz Liszt, 1811~1886)는 낭만 시대를 대표하는 헝가리 작곡가, 피아니스트이다. 카롤 체르니의 제자로 쇼팽, 슈만, 안데르센 등 당대 명사들과 친분이 두터웠다.

• 조지 소로스(George Soros, 1889~1945)는 헝가리 부다페스트 출신의 세계적인 금융가, 소로스 펀드 매니지먼트를 운영했다.

4. 동유럽의 파리, 부다페스트(Budapest)

　헝가리의 수도 부다페스트는 '동유럽의 파리'라고 부르며, 시가지 조성과 건물 배치가 조화를 이룬다. 특히 밤이 되면 다뉴브 강의 환상적인 야경이 너무 아름다워 부쳐진 이름이다.

　부다페스트는 다뉴브 강 사이를 두고 양편에 신, 구시가지가 발달해 있다. 조금 높은 지대에 부다(Buda Castle) 왕궁을 비롯한 부속 궁전과 마치시(Matyas Templom) 성당이 자리 잡고 있다. 왕궁을 중심으로 언덕에 오래된 건물이 도로를 따라서 쭉 들어선 구시가지에 왕족과 귀족이 주류를 이루어 살던 곳이다.

　헝가리의 수도는 구시가지 부다(Buda)와 신시가지 페스트(Pest)를 합친 도시로서 부다페스트(Budapest)라고 부른다. 두시 시가지가 조성된 시기와 형성된 특징 그리고 시가지 발달과정도 서로 다르다.

　우리는 구시가지 부다 성의 왕궁지역을 둘러보고 있다.

　헝가리 부다페스트는 인구 2백만여 명이 살고 있다. 동유럽의 가장 큰 도시이며 유럽에서 5대 도시에 들어간다.

　부다페스트는 1850년대에 조성된 계획도시이다. 도시 중심을 기점으로 방사형 형태로 도시계획을 수립해 발전시켰다. 유럽의 어느 도시에 못지않은 짜임새 있고 화려한 도시라고 한다.

　영국이 1896년 세계 최초로 지하철을 개통해 운영하고 뒤이어 헝가리 부다페스트에 건설되었다. 그 당시 지하철을 구경하려고 관광객이 끊임없이 밀려들어 왔다고 한다.

헝가리 수도 부다페스트, 다뉴브 강 건너편 국회의사당 전경

 다뉴브 강 언덕 어부의 요새(Halaszbastya)는 하얀 건물이 다뉴브 강을 바라보고 건설되었다. 건물 형태는 흰색으로 둥그렇게 둘러쌓아 지어서 색다른 분위기를 보여주고 있다. 중세부터 어부들이 많이 살았고 어시장이 있었던 지역이다. 18세기 어부들이 적 침입을 막는 방어시설로도 이용했다는 설이 전해 내려오고 있다.

 어부의 요새 하이라이트는 바로 해가 서산으로 넘어가고 땅거미가 지면 다뉴브 강과 조화롭게 어우러진 불빛이 부다페스트의 황홀한 야경과 한데 어울려 눈부시게 비춘다.

 바로 앞에 강물이 출렁이며 은빛 세파에 실어 유유히 흐르는 다뉴브 강과 더불어 유럽 3대 야경으로 꼽는다.

 어부의 요새에서 조금 남쪽 언덕에 들어서면 구시가지와 연결되고 부다 성을 비롯한 부속 궁전이 길을 따라서 쭉 들어서 있다

 이 지역 바로 안쪽에 유명한 마치시 성당과 헝가리 건국의 초대 왕 이스트 반 동상이 자리 잡고 있다. 네오 로마네스크와 네오 고

덕양식으로 혼합된 건물의 성당과 유목민 마자르족의 뾰족한 고깔 모자 모양의 일곱 개의 타워가 별도로 높이 세워져 특이한 건물의 형태를 이루고 있다. 모든 건물이 화려하게 하얀 성벽의 건물 형태를 이루고 건물 위에 한 개의 타워는 한 집단의 마자르족을 표시하고 있다.

7개 부족이 똘똘 뭉쳐서 마자르 족장을 대표하는 이스트 반 왕이 7개 부족을 이끌고 동양의 천박한 수렵 지대에서 유럽을 향해서 서쪽으로 점진적으로 이동해 비옥하고 살기 좋은 천혜의 자연환경을 갖춘 이곳에 정착해서 오랜 세월 외세의 침략을 막아내며 헝가리 왕국을 세웠다. 마치시 성당은 새하얀 대리석에 지붕은 색다른 붉고 청색을 입힌 졸론 풍의 모자이크 계와가 햇빛에 영롱하게 빛나고 있다. 성당의 주 첨탑은 88m로 하늘 높이 치솟고 있으며 주위에 몇 개의 보조 첨탑이 조화를 이루고 있다.

여기서 역대 헝가리 3 왕이 대관식을 올렸다고 한다.

마치시 왕명으로 14세기 바로크 양식으로 재건축되었다. 이때 하늘 높이 첨탑이 증축되었고, 아름다운 황금색 타일과 대리석을 입혀서 왕실의 권위와 위상을 한층 더 높여주었다고 전한다. 성당의 원래 이름은 성모 마리아 대성당이라고 하며 가치시 성당은 세월이 흐른 후에 붙여진 이름이다. 최근에는 음악 콘서트도 수시로 개최한다고 한다.

그 길을 따라서 위쪽으로 한참 걷다 보면 바로 앞에 음악당이 나온다, 이곳에서 베토벤이 1800년 2회에 걸쳐서 음악회를 개최했다는 기록이 남아 있다. 거기서 더 위쪽으로 올라가면 좋은 위치에 자리 잡고 있는 아름다운 부다 왕궁이 나온다.

부다페스트
성광웅

방사형 도시, 짜임새 있는 계획도시
부다페스트 낮과 밤이 다른 두 얼굴
부다 성에 번화한 거리 다뉴브 강상
가로 놓인 아름다운 교량은
역사를 소통한다.

붉은 석양 서산에 걸쳐서 드리우면
강과 불빛이 한데 어울려 찬란한 야경
눈부시게 비추네,

다뉴브 강상에 펼쳐진 고색 찬란한 건물
깊은 밤 환상적인 풍경이 너무 황홀해
누가 부다페스트를 '동유럽의 파리'라 부르나!

부다 성은 언덕의 남쪽 끝에 있다. 벨러 4세 왕에 의해 13세기에 몽골의 재침공을 대비하여 부다 언덕 위에 세운 성곽으로서 바로 앞에는 다뉴브 강이 가로로 흐르고 있다. 전방 멀리까지 내려다볼 수 있는 조망이 가능해 천연 방어 시설이다. 주요 지형지물을 잘 이용하고 전략적인 위치에 구축한 성곽을 요새화해서 붙여진 이름이다.

오스만 튀르크 침공 시 파괴되어 17세기에 바로크 양식으로 재건되었으나 그 이후도 전쟁과 화재로 훼손되어 19세기 후반에 대규모 보수로 현재의 모습을 갖추었다.

1949년 공산주의 정부가 들어서면서 왕권과 왕정을 인정하지 않았다. 유서 깊고 호화찬란한 왕궁과 건물은 유물 전시 역사박물관으로 전용되어 관리되어 왔다.

11세기 이후부터 현재에 이르기까지 유명한 화가의 미술품을 전시하는 국립미술관과 국립도서관으로 운용하고 있다.

부다 왕궁에서 바로 아래로 내려다본 다뉴브 강은 때마침 대홍수로 누런 황토물이 강안을 가득히 차서 유유히 흐르고 있다.

2019년 5월 29일 오후 9시 다뉴브 강 머르기트 다리 인근에서 유람선 '허블래아니호'가 크루즈 선박과 충돌 후 전복사고(한국인 관광객 33명, 승무원 2명 탑승)로 한국인 25명, 헝가리인 2명 총 27명이 사망, 한국인 1명 실종, 한국인 7명을 구조한 선박 사건이 있었다. 강어귀에서 한동안 실종자 구조하느라 난리가 났었다.

우리는 몇 해 전 헝가리 관광 시 다뉴브 강의 선상 유람을 하기로 계획되어 있었다. 그 당시도 다뉴브 강의 범람으로 위험했다. 하절기 홍수로 강물이 불어나면 다리 층고는 낮은데 강물이 교각까지 차올랐다. 좁은 다리 밑을 통행 시 부딪쳐 전복사고가 날 우려가 있어서 유람선 관광을 취소한 바 있다.

바로 앞에는 세체니 다리를 비롯한 여러 다리가 강을 가로질러

다뉴브 강을 바라보고 있는 부다 왕궁

서 놓여 있다. 수려한 풍광의 다리는 아름답게 보이고 강 건너 맞은편에는 강변도로를 따라서 고색 찬란한 건물이 즐비하게 늘어서 있다.

　제2차 세계대전 시 구시가지 부다 지역은 독일군이 점령하고 다뉴브 강 넘어 신시가지 페스트 지역은 소련군이 진주해서 강안을 사이에 두고 치열한 전투가 벌어진 지역이다. 전쟁 중에 막대한 피해를 입은 궁전을 비롯한 주요한 건물은 종전 후에 많은 재정을 투입해서 복구했다고 한다.

5. 새로운 문화의 산실, 신시가지 페스트(Pest)

　부다페스트 시민 공원 인접 문화거리라 부르는 언드라시 거리를 지나면 그 끝에 영웅광장이 나온다. 영웅광장은 1896년 조성해서 헝가리 건국 1천 년을 기념하는 광장으로 조성했다.

탑 중앙에 36m 높이 솟은 건국 기념비는 '가브리엘 천사'가 십자가와 왕관을 들고 있다. 아래 바닥 중앙에는 마자르 7개 부족장의 동상이 있다. 이 기둥을 중심으로 반원 형태로 좌측 7, 우측 7, 총 14명의 영웅 청동상이 서 있다. 이동상 중 첫 번째 자리에 헝가리 국부로 추앙받는 성 이스트반이 부족을 이끌고 아시아 초원지대에서 동유럽으로 진군한 헝가리의 위대한 건국자이며 영웅 이스트 반 왕의 조각상이 위엄 있게 다가온다.

왕은 앞에서 이끌고 양옆에는 3개 부족의 족장이 따르는 영웅 동상이 찬란한 햇빛에 반짝여서 더욱 민족의 영웅으로 위대하게 다가온다. 세계 유수의 국가지도자의 면모를 들여다보면 그 나라의 흥망성쇠와 직결한다.

국가의 지도자란 현명하고 철학적인 혜안과 통솔력과 영도력이 그 나라의 운명을 결정짓는다고 생각한다.

페스트 신시가지 중심지역에 초대 국왕을 기르기 위해서 성 이스트 반 성당이 우뚝 솟아 있다. 부다페스트 제1의 성당이다. 로마 교황청으로부터 왕관을 받고 헝가리 건국의 초대 국왕 성 이스트 반 1세를 기리기 위해 세운 성 이스트 반 성당은 헝가리 역사 1천 년을 기념하기 위해서 1851년부터 1906년까지 네오 르네상스 양식으로 건축했다.

성당 돔의 높이는 국회의사당과 같이 896년을 기념하기 위해 높이는 96m에 이르고 부다페스트 시가지를 굽어볼 수 있는 전망대

헝가리 영웅 광장

가 있다. 그는 가톨릭 성현 반열에 올라 있다.

특이한 사항은 부다페스트에 건축하는 건물의 높이를 96m 이하로 제한하는 이유는 헝가리 창건 연도가 896년이기 때문이라고 한다.

신시가지의 중심거리는 최신 건물의 번화가로서 각종 노상 카페, 전문음식점에 사람이 꽉 들어차 동료와 대화를 나누는 즐거운 만남의 장소로서 유명하다.

길 양편에는 세계적인 유명상품을 파는 명품거리가 조성되어서 반짝반짝 빛나는 네온사인에 호화찬란한 간판이 즐비하게 들어서 있다. 이 길은 번화한 느낌을 주고 있으며 많은 청춘 남녀의 데이트 코스로도 이름이 나 있다.

그 거리에서 약간 뒤쪽 골목으로 나아가면 다뉴브 강변을 따라서 초호화 고층 건물과 다뉴브 강의 푸르른 강물이 한데 어울려 오색찬란한 야경이 주위 강안 환경과 잘 어울려서 황홀한 풍광을 자아내고 있다.

다뉴브 강변에 있는 국회의사당은 1천 년 건국 기념을 기리기 위해서 20년 동안 건축했다. 높이 96m에 365개의 뾰족탑이 하늘을 향해서 창살처럼 솟은 큰 규모의 네오고딕 양식 건물이다. 뾰족탑 하나하나가 1일을 나타내며 총 365개가 서 있어 일 년 내내 국민을 섬기는 숭고한 염원을 담아서 건축했다.

외벽에는 헝가리 역대 통치자 88인의 동상이 세워져 있다. 그리고 주위에 아름다운 건축물인 정부 청사가 연달아 이어져 강변의 자연 풍광과 잘 조화를 이루고 있다.

강 건너편 저 멀리 부다 왕궁과 마치시 성당이 한 폭의 풍경화로 고색 찬란하고 아름답게 눈앞에 다가온다.

강기슭 전체를 들여다보면 다뉴브 강상에는 여러 개의 다리가 놓여 있다.

특히 세치니 다리난간에 연결된 전선의 전구는 하늘에 떠 있는 수많은 은하수처럼 반짝 반짝이며 다뉴브 강의 풍광을 한층 더 아름답게 수를 놓고 있다.

'세치니 백작' 위인을 기리기 위해서 만들어진 이 다리는 부다페스트의 번화가를 서로 연결해 주는 아주 중요한 명물 다리이다.

우리는 이 다리로 가기 위해서 도로를 따라서 걷고 있다.

도로가에 집시가 개 한 마리를 데리고 앞으로 엎드려 움츠리고 동냥을 청하고 있다. 그 개도 주인을 닮아서 그런지 어쩌면 그렇게 똑같은 모습을 하고 있는지 놀랠 정도이다. 그 모양새를 보고서 행인은 동정 어린 감탄사를 연발한다.

오가는 사람은 길가에 움츠리고 엎드려 있는 걸시와 개 모습을 보며 웃는 사람, 지나치는 사람, 동전 한 닢을 던져주고 가는 사람, 걸음을 멈추고 물끄러미 들여다보는 사람 등 길거리의 이색적인 동냥 모습에 관심과 흥미를 갖기도 한다.

그런데 혼자보다는 개와 함께 동냥하는 모습을 보는 순간 그렇게 허전하고 외로워 보이지 않는 것은 어떤 이유에서 일까?

서로 의지하며 무언가 함께 돕고 말없이 순종하는 동업자라 생각하니 너무나 조화롭고 자연스러우며 서로 의지와 위안이 된다고 생각이 들었다. 이 우스꽝스러운 광경을 보고서 측은한 눈빛을 보이기도 하고 놀라워하며 지나간다.

이런 현상을 체코에서도 보고 여행 중에 여러 곳에서 목격했다.

2008년 미국에서 리먼 브러더스 파산 금융 위기 이래 지난 몇 년간 서유럽에서 2012년 재정위기에 이르기까지 세계적인 경제 위기를 여러 번 겪었다. 이웃 나라 헝가리에도 직, 간접으로 삶에 영향을 주는 혹독한 불경기, 극심한 불황을 겪고 있는 것처럼 보인다.

더욱 2020년은 세계적으로 급속히 번지는 중국 우한 코로나19로 세계가 몸살을 앓는다. 코로나19는 세계 각국으로 신속히 번져 나가고 있어 각국 정부의 강력한 지역 통제와 사회적 거리 두기, 마스크 착용, 개인위생 철저 준수 등을 추진하고 있다. 그런 관계로 사람들이 집 안에 머물러 거리에 사람이 없고 모든 산업 활동이 일시 멈춰 세기적인 대재앙이 닥치고 있다. 이를 모면하기 위해서 정부와 중앙은행이 대규모 재난지원금을 퍼붓고 있으나 조기에 경제가 회복되기는 어려운 것 같다.

세계 경제는 여러 나라와 함께 톱니바퀴처럼 유기적으로 맞물려 돌아가므로 불황의 파급효과가 각국에 미치지 않을 수가 없다고 생각한다.

헝가리 부다페스트는 다뉴브 강을 가로질러서 놓은 다리가 7개이다. 대표적인 에르베 제트 다리는 헝가리 천년의 역사와 함께하는 기념비적인 다리이다. 또 다른 명칭의 다리 이름은 '자유의 다리'라고도 부른다.

강변에는 하늘로 치솟은 첨탑의 성당을 비롯한 수많은 건물이 도로변에 쭉 들어차 있다. 강안에는 홍수로 물이 불어나 교각 바로 밑까지 가득히 차올라 햇빛에 찰랑찰랑 반사하며 유유히 흐르고 있다.

6. 전설의 언덕, 겔러르트(Gellerthogy)

강변에 높이 솟은 봉우리 겔러르트 언덕은 다뉴브 강과 부다페스트 시가지가 저 아래 내려다보이는 높은 곳에 있다.

높이 235m 산 정상 전망대는 호화찬란한 부다페스트 야경을 한눈에 내려다볼 수 있는 아주 좋은 위치에 자리 잡고 있다.

그 옛날 마녀들이 살았다는 이곳은 그 이후 겔러르트 언덕이라는 명칭이 붙게 된 전설이 전해 내려오고 있다.

겔러르트 언덕에서 바라 본 부다페스트 시가지 전경

 헝가리 초대 국왕 이스트 반 1세는 천주교 포교를 위해서 로마 교황청에 신부 파견을 요청한다. 헝가리 왕의 요청을 받은 교황은 주교 겔러르트 신부를 파견해서 천주교 전파에 많은 공헌을 했다. 신부는 종교전쟁이 일어날 무렵 이교도의 반란 무리에 의해서 붙잡힌다. 그들은 신부를 와인 통에 넣어져 여기 겔러르트 언덕에서 강 아래로 굴러 떨어뜨려 죽게 했다.

 그 이후 신부를 추모하기 위하여 그 장소에 십자가를 들고 서 있는 주교 겔러르트 조각상을 세운다. 이런 연유로 후세 사람들이 게러르트 언덕이라고 부르게 된 이유이다.

 제2차 세계대전이 종료된 이후에 헝가리는 독립을 기념하기 위해 게러르트 산 정상에 '자유의 여신상' 시타델라(Citadella) 조각상을 모스크바 향해 세웠다.

그 아래 바로 강상에는 엘리자베스 다리가 가로 놓여있다. 정면 맞은편에는 호화찬란한 네온사인이 반짝이는 호사스러운 호텔과 건물이 강변을 따라서 줄지어 강상의 아름다운 풍경화가 눈앞에 펼쳐진다.

저 멀리 세치니 다리는 교각을 따라서 전구 불빛이 별처럼 반짝인다. 강변에 뾰족한 첨탑의 네오고딕 양식의 국회의사당은 다뉴브 강과 더불어 화려한 모습을 보여 주고 있다.

게러르트 언덕 입구부터 관광객이 일시에 너무 많이 몰려들고 있다.

산 정상에서 저물어 가는 부다페스트의 호화찬란하고 아름다운 야경을 내려다보고서 곧 되돌아서 버스가 주차해 있는 좁은 도로가 주차장에 도착했다.

수많은 차량이 버스 앞을 가로막고 있어서 차를 돌려 되돌아 나올 수가 없는 상황이었다. 버스 운전 기사는 그 경사진 언덕길의 위험을 무릅쓰고 뒤로 후진한다. 승차한 우리는 그 순간 어떻게 될까 하고 가슴을 조이고 손에 진땀이 날 정도로 신경을 쓰고 있었다. 우여곡절 끝에 무사히 아래 도로로 내려와서 안도의 한숨을 내쉬었다.

다음 관광지 헝가리 박물관을 향해서 이동한다.

언드라시 거리에 있는 박물관은 1896년에 개관해 여러 가지 고서와 유물을 비롯한 귀중한 보물을 전시하고 있다.

헝가리의 이름난 음식 중에 '글라쉬'라는 요리가 있다. 양파, 소고기를 잘게 썰어서 육개장과 비슷한 색깔을 내는 유명한 음식이라고 해서 취식해 보았다.

올해 4월까지 이 지역은 보기 드물게 눈이 내리고 150여 년 만에 비가 많이 왔다고 한다. 더욱 알프스 산맥에서 빙하와 만년설이 한꺼번에 녹아내려 대홍수가 져 황토물이 범람한다. 마침 때를 맞춰서 저지대는 홍수피해로 심한 물난리를 겪고 있었다.

7. 산업과 학문이 발달한 헝가리

한국과 헝가리는 국교를 개설한 이래 아주 좋은 관계를 유지하고 있다.

삼성전자가 1989년 진출해서 현지인 고용을 많이 하고 한국타이어 2차 공장 증설과 LG를 비롯한 많은 한국 기업이 진출해서 활발한 사업이 이루어지고 있다. 기업 이미지도 현지에서 평판이 좋다.

헝가리는 유명한 음악가를 많이 배출했다. 1804년 건축한 오페라 하우스에서 세계 유수의 음악가를 유치해 공연을 자주 한다. 우리나라의 조수미 성악가를 비롯한 세계적으로 유명한 팝가수 마돈나도 공연했다.

헝가리는 북쪽은 알프스 산맥, 서쪽은 타트라 산맥, 남쪽은 2~3세기경 고대 로마시대부터 크래 파르 분지에 둘러싸인 판노니아 대평원에 도시가 형성되었다. 전체 토지의 평지가 85%를 차지하고 있다. 날씨가 좋아서 농작물이 잘 자라고 특히 파프리카 생산이 세계적으로 유명하다. 비타민을 추출하는 기술이 발달하여 각종 영양제를 생산해서 수출하고 있다. 파프리카 용어의 유래는 헝가리에서 나온 말이다.

발칸반도를 가려면 헝가리를 반드시 경유해야만 한다

헝가리는 인접국 오스트리아를 비롯한 크로아티아까지 7개국과의 국경을 접하고 있어 동유럽의 교통 중심지로 발전하였다.

헝가리는 판노니아 용암지대에서 분출되는 1천4백여 개의 활성화된 유황온천이 있다. 주위에 호화로운 휴양 시설과 요양 시설이 잘 발달하여 장기간 머물며 휴식을 즐기는 관광객이 많이 몰려온다. 헝가리 온천 역사는 2천여 년 전 고대 로마 목욕 문화부터 시작한다.

특히 부다페스트에 있는 세체니 온천은 시민공원 안에 있는 온천으로 1931년 개장한 온천이며, 유럽에서 가장 큰 온천장에 들어간다. 네오 바로크 건물 양식의 궁전 같은 큰 규모의 수영장처럼 보이는 노천온천으로 지하 1,000m에서 뿜어 나오는 온천수는 24~38℃로 수영장처럼 넓어서 남녀 혼욕으로 수영복을 착용해야 한다.

더불어서 온천을 이용한 의료관광이 활성화되어 발전하고 있다. 치과 임플란트 치료비는 특히 저렴한 데다 고도로 기술이 잘 발달되어 있다. 그래서 영국, 프랑스 등 유럽 여러 나라의 관광객이 치료차 많이 방문한다.

헝가리 언어는 한국어와 비슷한 우랄 알타이어 계통에 속한다. 배우기 어려워 말을 구사하는 어려운 언어 중 세계 5위에 속한다.

세계 제일 배우기 어려운 언어 순위 5위까지를 열거해 보자.

미국 뉴스 웹사이트 서드 에이지(Third Age)에 따르면 제1위는 아랍어, 제2위는 중국어, 제3위는 일본어, 제4위는 한국어, 제5위는 헝가리어라고 한다.

아랍어는 글을 쓸 때 모음을 잘 사용하지 않아서 처음 배우는 사람은 읽는 법조차 읽히기 어렵다. 중국어는 음성의 높낮이에 따라서 단어의 뜻이 바뀌는 성조 언어이고 한자는 세상에서 가장 어려운 문자 중 하나라고 한다. 따라서 일본어는 한자를 많이 사용해서 중국어처럼 어렵다. 한국어는 문장 구조가 완전히 다르고 형용사가 잘 발달되어있다. 한국 어휘는 상당 부분이 한자어이기 때문에 웬만한 지식이 없으면 구사하기가 어렵다고 한다.

마지막으로 헝가리어는 단어마다 남성형, 여성형, 중성형 등 3대 성이 있는 데다 동사의 활용도가 7가지나 된다. 우랄 알타이어 계통은 어순이 달라서 영어권 사람이 배우기가 어렵다.

헝가리어는 기계적인 언어라서 표현이 쉽다. 기초과학, 의학발달의 기반을 이루고 있어서 이스라엘 다음으로 노벨상 수상자를 많이 배출했다.

자유 민주 시장경제체제로 전환한 후에 급속도로 경제가 발전하고 있다. 국민소득은 비교적 높아서 잘 살고 있으며 세금 부가세는 세계에서 제일 높다고 한다.

헝가리 1천 년 역사 중에 수도 부다페스트는 대략 1천여 년 동안 한 곳에서 지속으로 발전하고 있다. 그래서 중세도시의 모습이 곳곳에서 눈에 띈다. 부다는 구시가지로 조성된 지 대략 1천 년의 역사가 있고 신시가지 페스트는 대략 3백여 년 정도가 된다. 오래된 건물은 1백여 년에서 1백50여 년 정도 되는 고색 찬란한 건물이 주 거리를 따라서 자리 잡고 있다.

과거 200여 년 동안 오스만 튀르크의 지배를 받아서 교회를 사원으로 쓰이기도 한다. 이슬람 국가 지배 시 코란이 읽혀진 역사도 스며들어 있다.

부다페스트에는 고대 유적 건물이 많아서 유네스코 문화유산에 등재되어 있다. 가톨릭 성지순례 코스로 잡혀서 세계 각국의 신도들이 많이 방문하고 있다.

헝가리는 강대국 사이에 끼어서 1천 년 건국 역사 중에 900번 이상의 외침을 당한 전쟁의 나라이다. 우리나라의 경우는 5천 년 유사 이래 960여 번 외침을 당해서 우리나라와 비교 시 5배나 더 전쟁을 치렀다. 유럽의 여러 나라는 좁은 지역에 여러 민족이 살고 있어서 자의든 타의든 이웃 나라와 동맹을 결성하고 편을 갈라서 치고받고 싸운다. 수많은 전쟁에 자동으로 휩싸이게 되는 경우도 많다. 오죽하면 자고로부터 전쟁이 많은 지역을 부를 때 늘 불리는 대명사로 '구라파전쟁'이라고 할까?

강대국 틈새에 끼어서 수란과 질곡의 시대를 넘어 '안정되고 평화스러운 나라가 되어 달라고 하늘에 빈다. '하늘이시여 도와주소서!'라고 외치며 올바른 길로 인도해 달라고 길을 묻는다. 유럽은 강대국이 많아서 약소국의 현명한 영도자가 나라를 잘 이끌어야 하고 평소에 국력을 튼튼히 길러야 한다. 국방력을 기초로 능란한 외교술을 발휘해야 겨우 나라와 민족의 명맥을 유지할 수가 있기 때문이다.

어렵고 힘든 수란과 질곡의 시대를 거치면서 많은 국민이 캐나다, 미국 북부지역으로 대략 3백만여 명이 집단 이주해서 현재 미국 북부지역과 시카고 지역 일대에 거주하고 있다고 한다.

8. 천혜의 휴양지 발라톤(Balaton)

헝가리는 동유럽의 내륙 국가로서 바다가 없다.

부다페스트 근접 거리 6km 지점에 바다같이 넓은 천혜의 휴양지 발라톤(Balaton)은 중부 유럽의 최대 호수이다. 면적이 588㎢가 되고 총 길이 77km에 최대로 넓은 폭은 12km로서 아름답고 푸르른 천혜의 호수가 내륙에 펼쳐지고 있다. 서울 면적 605㎢와 거의 맞먹는 규모이다. 호수 주변에는 호화스러운 펜션, 별장 등이 들어서고 사시사철 세계의 관광객이 끊이지 않고 찾아든다.

헝가리는 내륙 국가에 드넓은 호수는 그나마 하늘에서 축복을 내린 천혜의 자연 생명수로서 그 효용 가치는 말로 표현을 할 수가 없을 정도로 크다. 내륙 속의 귀한 보배라 아니 할 수가 없다.

드넓은 호수는 마침 서북풍이 불어와 바다처럼 거센 파도가 일고 있다. 여러 척의 유람선과 하얀 돛단배가 평화스럽게 유유히 떠다니고 서산에 지는 낙조는 온천지를 새빨갛게 물들여 이국의 정취를 한층 더 아름다운 영상으로 수놓는다. 너무나 황홀해서 한 폭의 풍경화를 보는 것 같은 착각을 일으킨다.

광활한 호수, 발라톤

호수에는 67종의 물고기가 서식하며 바닷물처럼 검푸른 물결이 넘실대는 천혜의 청정호수는 하절기 헝가리 사람의 유일한 안식처이며 휴식처로 이용되고 있었다.

우리 일행은 이곳에서 점심을 먹고 잠시 휴식을 하다가 다음 행선지로 이동하고 있다.

V. 아기자기한 나라, 크로아티아
(Republic of Croatia)

크로아티아 지도

공식 명칭은 크로아티아 공화국(Republic of Croatia)이다.

면적은 56,594㎢(대략 남한의 1/2 정도 면적)이고, 전체 인구는 450만여 명이다.

수도는 자그레브(Zagreb)이고, 인구 80만여 명이 살고 있다.

민족은 크로아티아인 90%, 세르비아인 5%, 기타인 이다. 종교는 가톨릭 88%, 세르비아 정교 4%이다. 언어는 크로아티아 어이다.

정부 국가 원수는 대통령이고, 정부 수반은 총리이다.

의회 형태는 공화제, 다당제이며 단원제이다.

화폐단위는 쿠나(KN) 화이다. 나라꽃은 아이리스이다.

기후는 서안 해양성 기후, 온난 다습한 기후, 지중해성 기후이다.

위치는 유럽의 아드리아해 인접 발칸반도 중서부에 있다.

북서쪽으로는 슬로베니아, 북쪽으로는 헝가리, 동쪽으로는 세르비아(보이보디나 자치구), 남쪽으로는 보스니아 헤르체고비나와 국경을 이루며, 서쪽으로는 아드리아 해에 면해 있다.

국기는 위에서 아래로 빨강색, 하얀색, 파랑색 등 3색으로 구성되어 있다. 중앙에 가로줄무늬 바탕 가운데 크로아티아의 국장이 그려져 있다. 국기는 1990년 12월 21일 제정되었다.

1. 역사적 배경

크로아티아는 기원전 3세기경에 슬라브족을 중심으로 마을이 형성되었다. 4세기 초에 고트족, 5세기경에는 훈족의 침입을 받았다. 6세기경에는 중앙아시아에서 몽골계 유목민 계통인 아바르족이 이 지역에 서서히 밀고 들와 요지를 차지했다.

9세기경에 크로아티아라는 이름이 처음으로 역사에 등장한다. 그 이후 강대국인 비잔틴 제국의 위협에서 벗어나기 위해서 12세기 초에 크로아티아는 헝가리 왕국과 연합해서 동맹한다. 1868년에는 그 당시 이웃의 강대국인 오스트리아와 헝가리 제국의 일부로 편입되어 지배를 받는다.

제1차 세계대전이 종전된 1918년 크로아티아는 오스트리아와 헝가리 제국으로부터 분리 독립한다. 그 이후 세르비아, 크로아티아, 슬로베니아 왕국(Kingdom of Serbs, Croats and Slovenes)이 연합하여 국가체제를 유지한다.

제2차 세계대전을 거치면서 이탈리아에 점령당한다. 종전 후에는 유고슬라비아 연방 인민공화국에 편입된다. 1980년대 말 소련과 동유럽을 휩쓴 개혁의 흐름 속에 1991년 6월 25일 슬로베니아와 크로아티아가 과거에는 유고슬라비아 연방 공화국 일원이었으나 독립을 선언해 자주 독립국이 되었다.

1992년에서부터 1995년까지 4년 동안 무려 25만여 명이 희생되었다. 전체 인구 중 50%가 난민화하는 등 국가적인 대재앙을 겪게 되었다.

현대에 들어와서 세기적인 '인종청소' 대 학살극은 유고슬라비아 연방군과 크로아티아 내 소수민족인 세르비아계와 합세해서 크로아티아를 공격해 내전을 일으키며 은밀하게 자행되었다. 그 당시 유고슬라비아 연방은 이슬람계 43%, 세르비아계 35%, 크로아티아계 20% 다민족으로 구성된 연합국으로서 세르비아계 말로 세 비치 대통령이 집권하고 있었다.

인종청소가 자행된 곳은 크로아티아 인접 지방인 보스니아 사라예보 동쪽 80km 지점에 위치한 헤르체코비나에서 무슬림 보스니아인을 죽인 '스레브레니차 학살' 사건이다. 제2차 세계대전 이후 유럽에서 자행한 최악의 집단 학살사건으로 기록하고 있다.

현대판 인종청소는 나치 독일에 의해서 유대인 학살을 저지른 '아우슈비츠'에 이어서 보스니아 내전에서 두 번째로 세기적인 대학살극이 이루어졌다. 강대국과 힘 있는 다민족 틈새에 끼어서 수란과 질곡의 시대를 넘어 생존의 문제가 무엇보다 중요하다. 늘 강대국에 끼어있는 약소국은 외세에 치받쳐 바람 잘 날이 없다. 자의반 타의 반 수시로 전쟁의 회오리에 휩쓸리는 나라의 운명이 하늘에 달려 있다. 그래서 나라의 구성원은 늘 하늘에 살길을 묻는다.

1995년 12월 프랑스 파리에서 열린 국제회의 '데이턴(Dayton) 평화협정'을 체결하고서 최종 내전의 서막을 내렸다. 그 후속 조치로 유엔 안보리에서 결의한 827호에 의거 내전 처리 문제로 전쟁책임자 처벌 특별법이 제정되었다.

밀로 세 비치를 비롯한 대학살 범이 재판에 회부되었으나 세르비아 정부의 암묵적인 지원 하에 정치재판으로 변질되었다. 그러나 그 이후 말로 세 비치는 유엔 산하 구 유고슬라비아 국제 헌법재판소(ICTY)에서 2017년 11월 22일 보스니아 내전 시 각종 잔학행위와 인권유린, 전쟁범죄 등 중범죄에 대하여 종신형을 선고한 바 있다.

2002년 월드컵 시 크로아티아는 국가 축구대표팀을 파견해서 한국에 잘 알려진 나라이다.

2. 자연환경과 산업발달

크로아티아는 동쪽으로 다뉴브 강 유역과 내륙으로 흐르는 사바 강 사이에 드넓은 평야 지대에서 서쪽으로는 베네치아 만까지 뻗어 있다. 해안을 따라서 남쪽으로 아드리아 해를 끼고서 길게 두브로브니크 해안까지 뻗어 내려간다. 거기서 내륙으로 몬테네그로까지 경계를 이른다. 전체적으로 보면 휘어진 초승달 모양을 하고 있다.

크로아티아의 지형은 대략 3개 부분으로 나뉜다.

첫째는 남서부 지역은 이스트라와 달마치야로 이루어진다. 크로아티아 해안은 암석 바위로 카르스트 지형의 산맥이 아드리아 해로 뻗어 나가 해안선이 울퉁불퉁 굴곡이 진 다도해로서 천여 개의 섬이 산재해 있다.

둘째는 북서부 지역은 유럽의 중앙 산악지대로 알프스 산맥의 일부를 이룬다.

셋째는 북동부 지역은 자그레브 주위의 완만한 구릉지와 우측의 판노니아 평원으로 이루어져 있다. 그 지역은 평평한 지대라 전체가 비옥해서 경작지가 많다.

크로아티아의 영토는 동쪽에서 서북쪽으로 뻗어 나가다가 활처럼 휘어서 아드리아 해안을 따라서 남쪽에 다도해를 이루고 있다.

그래서 크로아티아는 두 종류의 기후대를 가지고 있다. 내륙지방인 안쪽은 대륙성 기후로 춥다. 아드리아 해안지방은 더욱 따뜻한 지중해성 기후를 나타내고 있다.

내륙을 지나는 주요 강은 자그레브를 가로질러 흐르는 사바 강, 헝가리와 경계를 이루는 드라바 강과 세르비아와 경계를 이루는 다뉴브 강 등이 있다.

크로아티아의 제1의 항구는 리예카이고, 그외 주요 항구는 자다르·스플리트·두브로브니크가 있다.

크로아티아의 산업은 농업과 가축사육에 기반을 두고 있다.

슬라보니아의 판노니아 평원에서 재배되는 곡물류를 비롯하여 콩·감자·사탕무 등이 주요 농산물이다. 연안의 섬에서는 포도나 올리브를 재배하거나 어업에 종사했다.

제2차 세계대전 이후에 급속한 경제 발전을 이뤄 농업 국가에서 공업 국가로 성장 발전했다.

국가정책의 주안점을 공업 발전에 중점을 두었다. 그 결과 다양한 공업 분야에서 급속한 발전을 이룬다. 농업과 목축업을 기반으로 섬유, 화학, 조선업이 발달하고 천연자원으로 유전이 발견되어 석유를 생산하고 있으며 주요 산업은 관광업이다.

아드리아 해 연안, 달마티아 해변에 자리한 두브로브니크, 스플리트, 플리트비체는 세계에 잘 알려진 관광지로 매년 수많은 관광객이 모여들어 외화 수입의 주요 요인이기도 하다.

3. 근대화의 역사적인 인물

• 토미슬라브(Tomislav)는 910~928년 까지 집권한 크로아티아의 초대 왕이다. 달마티아와 판노니아 지방을 합쳐서 최초 크로아티아 왕국을 수립한다. 비잔티움과 동맹을 맺어 불가리아와의 전쟁에서 926년 보스니아 고원 전투에서 승리한다.

• 마르코 폴로(Marco Polo, 1254~1324)는 세계적 탐험가이다. 그가 지은 마르코 폴로 견문기는 세계적으로 유명한 여행기이다.

• 마루코 마루리치(Marko Marulic, 1450~1524)는 크로아티아 대표 시인, 르네상스 문화 유입에 공헌한 크로아티아의 중세 문학의 거장이다.

• 요시프 엘라치치(Josip Jelacic von Buzim, 1801~1859)은 헝가리 왕국 지배시 총독이다. 그는 저명한 장군이며, 크로아티아를 통치했다. 1848년 혁명 시 크로아티아 농노 제도를 폐지한 사람이다.

• 주라지 도브릴라(JURaj Dobrila, 1812~1882)는 크로아티아가 오스트리아 통치하에 있을 때 더 큰 주권을 가질 수 있도록 지지하고 후원한 가톨릭 주교이다.

- 이반 마주라니치(Ivan Mazuranic, 1814~1890)은 크로아티아 시인, 변호사, 정치인이다. 19세기 중반 정치, 문화에 공헌한 주요한 인물이다.

- 안테 스타치비치(Ante Starcevic, 1823~1896)는 정치가이며 작가이다. 크로아티아 국가의 국부로 칭송받는다.

4. 자그레브(Zagreb)의 풍경

　자그레브의 유명한 반 엘라 치치 광장(Ban Jelacic Square)의 중앙에 전쟁영웅 반 엘라 치치 동상이 서 있다. 이 거리는 크로아티아 금융의 중심지이며 보행자 광장이라고 한다. 자그레브 시민이 즐겨 찾는 만남의 장소로도 유명하다.
　108m의 첨탑 높이를 자랑하는 성 마르크 성당은 신 고딕식 양식의 건물이다. 쌍둥이 첨탑이 하늘 높이 치솟아 자그레브 수도의 상징물이기도 하다. 성당 내부에 새겨진 상형문자는 크로아티아에서 사용한 키길문자의 원형이라고 한다.
　가까운 거리에 있는 마가 성당은 세라믹 모자이크 지붕에 독특한 문양이 그려져 있다. 지붕 중앙 절반 왼쪽에는 크로아티아 모자이크 문양이, 오른쪽은 자그레브의 문양이 그려져 특이하게 보인다. 마가 성당을 중심으로 건물의 우측 편은 대통령궁이고, 좌측은 국회 의사당 건물이 자리 잡고 있다.

마가 성당의 세라믹 모자이크 지붕, 왼쪽 크로아티아 문양, 오른쪽 자그레브 문양

 1930년대에 개설한 재래시장 돌 라츠는 신선한 과일, 야채 등을 판매하며 주로 새벽에만 개설해서 운영하는 새벽시장으로 유명하다.

 도시로 들어오는 문 위에 설치한 종탑은 매일 정확한 시간에 타종해서 시민들에게 문 닫는 시간을 알려 주고 있었다.

 시민에게 정확한 시간을 알려 주던 종이 도둑맞아 종을 잃어버린 그 날 이후에도 매일 종소리 대신 대포를 발사해서 시간을 알려주고 있다고 한다.

5. 아드리아 해의 진주 두브로브니크(Dubrovnik)

 짙은 코발트색이 넘실대는 아드리아 해안에 펼쳐지는 지상의 천국이라 불리는 도시 두브로브니크 구시가지의 성벽이 바다와 어울려 환상적인 풍경화가 다가온다.

파란 물결이 춤추는 해안 전경이 내려다보이는 스르지(Srd) 산자락 기슭에 위치한 고대 도시이다. 태곳적 전설을 안고 있는 달마티안 해변에 있는 두브로브니크는 아드리아 해의 진주로 불리며, 구시가지는 7세기경에 형성되었다. 각지의 상인이 모여들어 교역이 활발히 이루어져 문전성시를 이뤘다. 주변이 성곽으로 둘러싸인 전통적인 중세 도시 모습이 보인다.

17세기 주요 거점으로 성장한 지역에 도시를 둘러싸는 성곽이 들어섰다. 그 길이가 2km에 달하고, 높이 25m, 폭 3m 정도 되는 두께에 해안지형의 바위 절벽을 이용해 중세 요새 성곽이 들어섰다. 성내에는 연 빨강 지붕에 아이보리 주택이 들어차 있다.

성곽의 정문 피레 게이트를 통해서 구시가지로 들어서면 중앙로에는 점포와 식당이 쭉 늘어서 번화한 거리를 이른다. 도로 바닥에 깔린 석회암이 장구한 역사의 흔적을 보여주고 있다.

짙은 코발트색의 아드리아 해 진주 두브로브니크 시가지와 성곽 전경

게이트 앞에 돔 모양의 석조물 '오노프리오 분수(Onofrio's Great Fountain)'가 갑자기 우리 앞에 나타난다. 성내 구축한 고대 군용 급수시설이다. 저 멀리 외곽 산중에서 지하 수로를 통해서 맑은 물을 공급받는다.

두브로브니크는 시가지 배치가 잘된 중세 후기의 모범적인 성곽 도시이다. 더욱 오랜 세월을 지나며 놀랄 만큼 보존이 잘 되어 있다. 웅장하게 요새화한 성문은 중세 르네상스 양식, 바로크 양식의 뛰어난 건축물이다. 시청 청사 렉터스 건물이 눈앞에 나타난다. 고딕, 르네상스풍의 혼합된 건축 양식으로 이곳에서 여름축제, 공연 행사장으로 이용하고 있다.

1667년 지진으로 파괴된 바로크 양식의 수도원, 관세청 청사, 도시의 수호성인 성 블라이세 성당 등을 복원해 옛 풍경을 그대로 보존하고 있다. 그 이후 재정비한 구 시가지를 1979년 유네스코 세계유산으로 등재되었다. 그런 과정에서 1990년 내전으로 또다시 피해를 보았으나 유네스코의 지원으로 복원되었다. 지중해 특유의 찬란한 햇볕에 출렁이는 파란 물결, 무성한 녹색의 수풀을 덮고 있는 작은 섬, 구릉지 사이 어촌으로 이어져 조그만 배가 오가는 평화스러운 바다 정경이 아름답다.

두브로브니크 구시가지와 아드리아 해안 절경을 구경하려면 케이블카를 타고 스르지 산 전망대에 올라가야 한다. 공중에 떠서 움직이는 케이블카는 지상의 모든 물체를 한눈에 내려다볼 수 있어 좋았다. 잠시 후에 케이블카는 스르지 산 전망대에 도착했다. 전방 눈부신 햇살에 반짝이는 파란 물결에 은빛 세파는 시야를 확 터줘 시원한 청량제 역할을 한다.

　스르지 산 전망대를 돌아가며 청정바다와 구 시가지를 품고 있는 성곽을 한눈에 내려다보고 있다. 눈부시게 찬란히 비추는 햇살과 짙은 코발트 색깔의 잔잔한 바다 특유의 경치를 감상하고 있다. 성곽 한편에 조그만 항구에 수많은 요트와 대소 선박이 정박해 있다. 아름다운 청정 바다 아드리아 해안과 해안가에 펼쳐진 풍광이 한데 어울려 아름다운 모습으로 다가온다. 우리는 커피숍 전망 좋은 좌석을 골라잡아 앉았다. 음료수를 주문하고, 저 아래 펼쳐진 파란 바다를 바라보며 즐겁고 행복한 시간을 가졌다.

　구시가지는 고풍스러운 주택이 빼곡히 들어차 저마다 다른 모습으로 다가온다. 그로부터 그리 멀지 않은 해안 비취를 거니는 청춘남녀의 한가로운 모습이 평화스럽게 보인다. 파란 물결이 미풍에 잔잔히 춤추고 커다란 거친 흰 바위가 무성한 녹색 수풀 사이에 점점이 드러나 더욱 지중해의 운치 있는 숨은 풍광을 이끈다. 산자락 경사진 솟은 바위 사이 도로가 나고 길 따라 주택이 쭉 들어서 해안가를 끼고 펼쳐진 시가지가 너무 아름답게 눈에 들어온다.

6. 옥색 물결이 숨 쉬는 플리트비체

　호텔에 도착해 방을 배정받고 저녁식사를 하러 식당에 내려갔다.
　식당시설은 깨끗하고 흰 테이블에 의자도 청결해서 한층 실내 분위기가 좋았다. 마침 음식은 비프스테이크에 구운 감자, 버섯 수프 등이 나와서 오래간만에 한국식이 아니더라도 우리 입맛에 길들여진 서양 음식이라 좋았다.

　방에 돌아와 샤워하고 명일 여행 준비를 위해서 미리 준비해 간 3상 전기 코드 선을 이용해 디지털카메라, 스마트 폰, 수시로 사용하는 전기 보트에 전선을 연결하고 잠자리에 들었다.

　3상 전기코드 선이 아니고 단선이면 디지털카메라, 스마트 폰을 순서대로 교체해서 배터리를 충전해야 하므로 번거로워서 충분한 수면을 취하지 못한다.

　여행 시 여러 용도의 전기기구를 가져간다면 꼭 출발하기 전에 여행지 전압을 사전에 알고서 그에 알맞은 전기기구를 휴대하고 가야 유용하게 사용할 수가 있다.

　우리는 일찍 호텔에서 나와 크로아티아의 세계적인 명소로 잘 알려진 유명한 관광지 플리트비체로 향하고 있다.

　플리트비체는 오랜 세월 석회암과 백악(Chalk) 위로 가득히 물이 차서 흐르고 있다. 정화된 맑고 깨끗한 물을 저장하고 있는 큰 저수지 여러 개가 겹쳐 있다. 장고한 세월에 걸쳐서 석회 침전물이 쌓여 천연 계단식 댐을 이뤄 아래로 흐르고 있다. 그 물빛은 얼마나 진한 에메랄드 색깔인지 너무나 맑고 청결해서 마치 맑은 유리창을 들여다보는 것처럼 착각을 일으킨다.

　우리는 푸르른 호숫가로 연결된 제방 길을 따라서 걸으며 주위 자연환경을 샅샅이 살펴보고 있다. 녹색의 높은 산이 주위를 둘러싸고 하늘은 맑고 파라며 하얀 구름이 어디론가 흘러가고 있다. 드넓은 호수는 햇빛에 반사되어 미세한 은빛 세파가 눈부시게 찰랑거린다.

비단 폭포
성광웅

오랜 세월 석회암 백악 위 가득한 청정 호수
천연 계단식 댐 이뤄 맑고 고운 에매랄드 빛깔
햇빛에 반사되어 미세한 은빛 세파가
눈부시게 찰랑거린다

수억 년 억겁의 세월 속 수압 차로 뚫은
천연동굴은 바위 틈새로 실 물줄기 뿜어내고
연한 물안개 회오리치는 비단 폭포는
천상에서 낙하해 경이로운 장관 연출하네

신이 빚은 맑고 깨끗한 에매랄드 호수
옥색 빛깔로 비친 환상적인 모습은 경이로운
천혜의 절경으로 다가와
참으로 아름다운 천상의 풍경화이어라

수억 년 억겁의 세월을 지나며 물이 떨어지는 순간 그 수압 차에 의해서 미세하게 바위를 뚫고 들어가 작은 천연동굴을 여러 개 만들었다. 그 동굴의 바닥은 조금씩 침식되어 생겨난 바위 틈새로

실 같은 물줄기가 여러 개 뿜어 나온다. 스치는 바람에 연한 물안개를 뿌리듯 회오리치며 떨어지는 비단 폭포는 경이로운 장관을 연출한다.

 마치 손에 고무호스를 쥐고서 사방을 휘두르며 물을 뿌리듯 휘날리며 떨어지는 오색 빛 영롱한 환상의 무지개가 안개처럼 피어나 아름답다.

 울창한 산과 구릉지의 깊은 숲 속에는 아름답고 기이한 희귀종의 수목이 빽빽이 들어차 있다. 곰, 늑대, 고라니 등 야생동물이 살기 좋은 자연환경이다. 더불어 수많은 여러 종류의 조류들이 서식하는 천혜의 자연 생태보고라고 한다.

 1949년 국립 호수공원으로 지정된 플리트비체는 청정지역 유지를 위해서 수영, 낚시, 수렵 등을 엄격히 금지하고 있다. 총면적이 대략 2만 헥타르이고 그중에 울창한 산림이 1만 5천 헥타르에 이르며 나머지 5천 헥타르에는 크고 작은 아름다운 호수가 무려 16개나 흩어져 있다.

 플리트비체는 크로아티아의 국립 호수공원이며 세계 자연유산으로 등재되어 있다.

 옛날 전설에 의하면 어느 날 호수가 극심한 한 발이 들어서 동물, 식물이 서서히 아사하고 있었다. 그 무렵 하늘에 기우제를 지내며 비를 내려 달라고 간절히 기도했단다. 그때 하늘에서 일시에 우렁찬 천둥을 치고 섬뜩한 불빛을 번쩍이며 세찬 비를 뿌렸다.

 일시에 비바람을 휘몰아치며 비가 억수로 내리 대홍수가 났다. 험준한 산과 넓은 계곡 사이 평야지대에까지 갑자기 물이 불어나

바위 틈새로 실 같이 뿜어 나오는 비단 폭포, 플리트비체

여러 개의 거대한 계곡, 크고 작은 호수와 폭포가 생겨났다. 그 이후 세월이 흐르며 지반에 석회암이 쌓였다. 석회암은 혼탁한 물을 정화하는 필터 링 역할을 해서 맑고 깨끗한 에메랄드 물의 청정호수를 만들었다. 거대한 호수는 자연히 물이 넘쳐나 아래로 계곡을 타고 내려가 코로나(korana) 강으로 흘러 들어갔다.

우리는 나뭇가지가 휘늘어진 옥색 빛깔 저수지에 닿을 듯 말듯 물이 차랑대는 소로를 따라서 주위를 구경하고 있었다. 물가 나뭇가지 사이에 무성한 녹색 잎이 물에 잠겨 바람에 흔들려 운치를 더한다. 바로 발아래에 맑고 투명한 유리를 들여다보듯 물고기들이 무리를 지어서 유영하고 있었다. 물속에서 환상적인 모습을 보는 순간 숭어 새끼 떼와 어미들이 길게 줄을 지어서 몰려다니고 있다.

과자 부수러 기를 사방에 흩뿌리며 숭어 떼를 불러 모았다. 손으로 잡으려 하면 잡힐 듯 말 듯 확 달아나는 재미에 우리는 모두 환호성을 지르며 즐거워 야단이 났다. 그 장면을 기념하기 위해서 무리 지어 추억의 사진을 찍으며 즐겁게 시간을 가졌다.

여기는 각종 어족이 풍부하다. 붕어, 잉어, 숭어 새끼부터 팔뚝만 한 어미에 이르기까지 무리 지어 유영하고 있다.

호수에 사는 민물장어는 번식률이 빠르고 생명력이 강해서 타 어종의 생태계를 파괴한다고 한다. 그래서 대량으로 잡아 폐기 처분한다고 한다. 한국인은 민물 장어를 무척 좋아한다. 보양식으로 즐겨 먹는 우리의 생활풍속과 달라서 아쉬운 점이 많았다.

우리 일행 중에 나이 든 부인이 물고기 무리를 정신없이 구경하다가 돌부리에 넘어져 얼굴이 까이고 팔과 다리에 찰과상이 났다. 임시방편으로 휴대한 비상약으로 응급조치를 했다. 갑자기 넘어지는 바람에 자기도 어떻게 넘어졌는지 모르겠다고 말한다.

왜, 그렇게 순간 한쪽으로 넘어졌는지 지금도 잘 생각이 안 난다 하며 그나마 그 정도 다친 것이 불행 중 천만다행이라고 모두 동정 어린 말을 전한다.

우리는 관광코스 A지점에서 출발하여 P3 지점을 거쳐서 목표 E 지점으로 이동하고 있다. 아름다운 에메랄드 물빛 위에 유람선이 낙엽처럼 스르르 떠가고 있다. 앞에는 드넓은 호수가 펼쳐지고 우측은 푸르고 울창한 수목이 우거진 높은 산은 저 멀리까지 호수를 감싸 안아 수려한 자연경관을 이루고 있다. 유람선을 타고서 여러 호수를 거치면서 섬과 섬 사이 선상 관광을 하고 있다.

최종 선착장에 도착한 우리는 유람선에서 뭍으로 올라가 주위의 자연환경을 둘러보고 있었다. 여기저기 아름다운 산의 구릉지

아름다운 청정호수

와 계곡을 이용한 잘 정돈된 캠핑장, 예쁜 펜션, 호화스러운 호텔이 울창한 수목 사이에 그림자처럼 자리를 잡고 있다.

자연이 수려해서 관광객이 편리한 시설을 이용하며 편히 쉴 수 있어 좋았다.

천혜의 비경을 자랑하는 플리트비체는 자연이 빚은 보석 같은 자산으로 한해 외국에서 수 십만여 명의 관광객이 들어와 국민과 국가에 부를 창출해 주는 귀중하고 소중한 관광자원이다.

우리는 그곳에서 버스로 조금 떨어진 한적한 장소에 자리 잡은 호텔 그로 바벌에 도착했다.

이 호텔은 외관이 아름답고 예쁜 펜션처럼 지어서 편안한 주택 같은 분위기를 준다. 아기자기한 디자인에 내부시설도 깨끗하다.

미리 연락을 받은 여종업원이 밖에 나와 상냥하고 반갑게 우리를 맞이한다. 우리는 안내를 받으며 깨끗이 정돈된 식당으로 들어갔다.

식당 주위를 둘러보는 순간 여종업원은 점심 메뉴에 대하여 미리 알려준다.

여기 청정호수에서 바로잡은 오염되지 않은 질 좋고 신선한 숭어라고 말한다.

생선구이에 감자, 야채샐러드 등과 함께 정성을 들여서 식탁에 내어놓는다.

우리는 조금 전에 맑은 호수에서 유영하는 숭어를 보았고 여기서 신선하고 맛있는 숭어요리를 먹었다는 사실이 믿어지지 않는다.

모두 즐거운 표정을 지으며 맛있는 점심을 먹었다. 그리고 식당에서 나와 호텔 주위를 둘러보며 구경하고 있다.

잘 정돈된 정원, 울창한 푸르른 산과 계곡 그리고 눈부시게 찰랑거리는 옥색 빛 청정호수를 멀리서 바라보았다. 조금 전에 간직한 아름다운 추억을 되새기며 버스에 올라 다음 목적지 슬로베니아를 향해서 출발했다.

7. 푸르른 파도가 넘실대는 아드리아 해

고속도로를 따라서 위쪽으로 올라갈수록 유럽의 지붕인 높은 알프스 산맥에 연결된 거무스레한 큰 바위산이 보인다. 날카롭고 뾰족뾰족하게 하늘 높이 치솟아 험준한 산의 거대한 봉우리가 수없이 나타났다 사라진다.

산 정상에는 구름과 안개가 신기한 모습으로 덮여 있다. 구름 사이에 하얀 만년설이 군데군데 희끗희끗 보일 듯 말 듯 신출귀몰한 정경이 눈앞에 펼쳐졌다 사라진다.

산 정상에서 눈이 녹아 계곡을 타고 내려오는 흰 물줄기는 마치 빨랫줄을 길게 늘어트린 것처럼 보인다. 천야만야 한 높은 산 계곡에서 낙하하는 물줄기는 저 밑바닥에 내려앉아 큰 강에 스며든다. 강기슭에 물이 가득 차서 어디론가 흘러가고 있다.

어마어마한 거대한 산이 겹치는 계곡 사이 낮은 지대를 따라서 실처럼 길게 쭉 이어진 고속도로 주변에는 푸르고 울창한 수풀이 뒤덮어 쭉 이어진다. 수없이 많은 산 능선이 꼬리를 물고 연이어 나타났다 사라진다.

산의 구릉지를 지나서 간간이 나타나는 조그단 도시와 한적한 농촌 마을은 이전에 보지 못한 새로운 이국의 시골 풍경을 보여주고 있다.

그렇게 수없이 경치가 바뀐 후에 거대한 산자락 모퉁이를 막 돌아섰다.

바로 앞에 드넓게 펼쳐진 푸르른 바다가 넘실대는 아드리아 해안이 한눈에 들어와 아른거린다. 수평선이 끝없이 뻗어 나간 푸르른 바다를 보고 있다. 그때 시뻘겋게 불타는 석양은 서산으로 서서히 넘어가고 있다. 이국의 정취에 흠뻑 젖어 잠시 황홀감에 빠져 들었다.

여기가 바로 알프스 산맥의 기슭이라고 한다. 아드리아 해안을 끼고서 남쪽으로 조금만 더 내려가면 이탈리아 접경지대에 닿는다고 한다.

알프스 산을 관광하는데 좀 더 이해를 돕기 위해서 그동안 운행하는 버스에서 'Sound of Music' 영화를 보여주고 있다.

제2차 세계대전 시 나치 독일이 스위스를 지배하던 시절에 일어난 사건을 주로 다루고 있다. 알프스 산맥을 배경으로 촬영한 영화를 보며 동시에 차 창문 밖에 스치고 지나가는 자연의 풍광을 하나도 놓치지 않으려고 좌우로 번갈아 보면서 바쁜 시간을 보내고 있었다.

그렇게 몇 시간 즐거운 여행을 하는 동안 목적지 호텔 카지노(Hotel Casino)에 도착했다. 기다란 네모 형 나무통을 공중에 매달아 놓은 듯한 이 호텔의 외관은 독특하고 기이하게 생겼다. 배정받은 호텔 방 211호는 전망이 확 트여서 자연경관을 감상하기 좋은 위치이다. 말이 2층 211호이지 한국의 경우는 3층에 해당하는 311호이다.

방을 오르고 내리는데 잠깐 헷갈려서 2층으로 갔다가 다시 3층으로 올라가는 해프닝이 자주 일어났다. 유럽과 우리의 경우, 건물 층수별 숫자 개념이 확연히 다르다.

유럽의 호텔은 0번부터 시작한다. 우리의 경우 1층이고 1층은 2층이며 2층은 3층으로 계산한다. 유럽 사람이 아닌 외국 관광객에게는 평소에 익숙지 않은 생활관습이다. 여러 층을 오르고 내리는데 앗 차하는 순간에 숫자가 헷갈려서 방향을 잃는 경우가 많았다. 그리고 7 숫자도 중간에 선을 그어서 우리의 경우 3자인지 7자인지 잘 분간이 안 되어 혼동이 자주 온다.

식당에서 저녁식사로 생선가스에 감자, 야채샐러드, 후식으로 신선한 수박이 나왔다.

　이번 여행 중에 이곳은 최상급 5스타 호텔이다. TV, 냉장고, 옷장, 화장대, 책상과 의자, 금고, 이불장이 있다. 화장실에는 욕조와 수도 샤워기는 최신 모델이다. 목욕실은 유리로 칸막이한 최신 인테리어 시설이다. 샤워 시 물이 밖으로 안 튀어나오게 세밀하게 설계했다. 비데기, 아이론 등 모든 것이 최신 전기기구이며 완벽한 룸 시설에 방의 규모가 더 널찍하고 커서 침대도 좋았다.

　아마도 유럽에서 부자들이 카지노 게임 놀이하러 수시로 방문해서 초호화 시설을 만들어 손님을 맞이하는 것 같았다.

　여기 호텔에서 그동안 누적된 피로를 풀고 아침 일찍 6시 기상하고 조식은 7시, 출발을 8시에 하기로 했다. 오늘은 호텔 시설이 좋아 포근해 편안한 잠자리에 들었다.

VI. 정감이 넘치는 슬로베니아
(Republic of Solvenia)

슬로베니아 지도

공식 명칭은 슬로베니아 공화국(Republic of Slovenia)이다.

국토 면적은 20,273㎢(남한 면적의 1/5)이며, 전체 인구는 210만여 명이다.

수도는 류블랴나(Ljubljana)이고. 인구는 28만여 명이 살고 있다.

민족은 슬로베니아인 83%, 세르비아인 2%, 기타 크로아티아인이다.

언어는 슬로베니아어를 사용한다.

종교는 가톨릭 58%, 이슬람교 2.4%, 동방정교 2%이다.

정체 중앙집권 공화제, 국가 원수 대통령, 정부 수반은 총리이다.

의회 형태는 다당제이며 양원제이다.

화폐단위는 유로(Euro) 화이다. 나라꽃은 카네이션이다.

기후는 서안 해양성기후이다.

위치는 유럽의 동남부 중앙에 있다.

서쪽으로는 이탈리아, 북쪽으로는 오스트리아, 북동쪽으로는 헝가리, 남동쪽으로는 크로아티아와 경계를 이른다. 서쪽은 아드리아 해에 연한 해안선이 남북으로 이어지며, 이탈리아의 트리에스테와 크로아티아의 이스트라 반도 사이에 25km 정도 뻗어 있다.

국기는 범 슬라브 색인 하얀색, 파랑색, 빨강색 3색 문양이다. 가로줄 무늬 바탕 한가운데 붉은색별이 그려져 있다. 국기는 1991년 6월 27일 제정되었다.

1. 역사적 배경

슬로베니아는 6세기경에 북쪽 지방에 거주하던 슬라브족이 일부 남하해 사바 강 유역을 중심으로 627년경어 슬로베니아 왕국을 건설한다.

8세기경 슬로베니아 카롤링거 왕조는 중부 유럽 게르만 민족의

한 종족으로 번성한다. 그러나 한동안 남부로 세력을 확장한 프랑크왕국의 지배를 받는다. 그와 동시에 토속종교에서 벗어나 가톨릭으로 개종하면서 서유럽 문화권에 편입되는 계기가 된다.

10세기경에 슬로베니아는 신성로마제국에 점령당한다.

14세기경 오스트리아의 합스부르크가 침략을 받아 속국이 되어 수란의 시대를 겪는다.

1914년 제1차 세계대전 당시 오스트리아-헝가리 제국이 지배하에 있던 슬로베니아는 영국과 러시아의 연합국에 가담한 세르비아, 몬테네그로와 자동으로 전쟁에 휩쓸린다. 전쟁에 패한 후에 자기들의 의지와 관계없이 다민족국가인 세르비아-크로아티아-슬로베니아 연합왕국으로 한데 묶여서 병합된다.

1918년 12월 베오그라드에서 왕국의 성립이 정식으로 선포된다. 이 왕국이 지배하던 영토를 기반으로 그전부터 독립해 있던 세르비아, 몬테네그로를 비롯하여 오스트리아-헝가리 제국에 속해 있던 남 슬라브족의 땅과 보스니아-헤르체고비나, 크로아티아, 보이보디나, 달마티아, 마케도니아와 함께 슬로베니아도 신생 베오그라드 왕국에 편입된다.

이 신생 베오그라드 연합국은 1929년에 유고슬라비아로 불리다가 제2차 세계대전 중에는 독일에 점령된다. 대전 후 왕정이 폐지되고 유고슬라비아 사회주의 연방국의 설립과 통합으로 국가 구성의 일원이 된다.

1989년 9월 슬로베니아는 구 유고슬라비아 사회주의 연방으로부터의 독립을 위해 공화국의 헌법 개정안을 발의한다.

1990년 4월 슬로베니아 최초의 자유선거를 치러서 공산당이 패배하여 5월에 비 공산 정권이 들어선다. 슬로베니아가 독립선언을 하게 된 동기는 슬로베니아와 크로아티아의 두 공화국은 연방 최대 다수 민족인 세르비아계에 반하는 반민족 정서가 작용한다. 그 외 농업 중심의 연방국 일원인 몬테네그로 남부지역 공화국에 경제적 지원은 늘 부담으로 작용했다.

1990년 7월에 독립주권을 선언하고 12월 국민투표를 한 결과 90%가 별도 국가 독립을 지지했다. 그래서 1991년 6월 25일 이전에 유고슬라비아의 국가 구성원이었으나 슬로베니아라는 신생 독립국가로 선언하기에 이른다.

1991년 12월 독일이 슬로베니아와 크로아티아의 독립을 승인한다.

1992년 1월에 EU도 독립을 승인하고 뒤이어 크로아티아, 보스니아 헤르체고비나와 함께 국제연합에 가입한다. 그해 8월에 신 유고슬라비아연방이 슬로베니아의 독립을 승인하기에 이른다. 다수 민족 간에 내전이 발생한 원인은 대다수를 차지하는 세르비아는 연방국을 유지하려고 하고, 슬로베니아와 크로아티아는 별도 국가로 독립을 원해서 서로 대립이 격화된다.

1992년에서부터 1995년까지 4년 동안 현대판 세기적인 '인종청소' 대 학살극이 은밀하게 자행되었다. 침공한 구 유고슬라비아 연방군이 슬로베니아 수도 류블랴나 공항을 일시 점령해 폐쇄하고 그 지역 일대에서 슬로베니아 방위군과 쌍방 간 치열한 전투가 한동안 벌어졌다.

이 전쟁을 '보스니아 내전'이라고 부른다. 그 당시 세르비아 대통령 밀로 세 비치에 의한 잔학한 '인종청소'가 은밀하게 자행되었다.

근세에 들어 독일 나치에 이어 인류 최대 학살 비극이 일어나고 세르비아는 대량학살의 악명 높은 국가가 되었다.

1995년 12월 유엔의 중재에 의해서 곧 휴전하고서 구 유고슬라비아 연방군이 철수한다. 그 후속 조치로 전쟁 책임자 처벌 특별법이 제정되어 밀로 세 비치는 종신형에 처했다.

수 세기 동안 슬로베니아는 강대국의 틈새와 때로는 이민족에 끼인 약소국으로서 파란만장한 수란과 질곡의 세월을 보냈다. 드디어 민족이 독립을 염원하던 슬로베니아는 최초 대통령 및 국회의원 선거를 해서 정식 독립국이 되었다.

2. 자연환경과 산업발달

슬로베니아는 북쪽으로 오스트리아, 동쪽으로 헝가리와 크로아티아, 서쪽으로 이탈리아와 국경을 접하고 있으며 국경선의 일부는 아드리아 해에 면하고 있다.

슬로베니아의 국토는 대부분이 알프스 산지이며 북부지역은 알프스 산맥의 동단에 위치하고 있다. 슬로베니아 최고봉인 트리글라브라 산(2,864m)에서 발원하는 사바 강이 북서에서 남동쪽으로 다뉴브 강에 흘러 들어간다. 남부지역은 석회암 대지가 침식되어 형성된 카르스트 지형을 이르고 있다. 그중에 24km에 달하는 포스토이나 석회동굴은 세계적으로 이름난 관광지이다. 일부 지역이 아드리아 해안에 접해 있으나 그 지역을 제외하면 내륙국이다. 국토의 평균 해발고도는 560m 이상 되는 지역이다.

슬로베니아의 산업은 농업 3%, 공업 34%, 서비스 63%를 차지하고 있다.

전 국토의 대부분이 험악한 산악과 산림지대로 이뤄져 있다. 초원과 평지는 46%이다.

목장과 목초지를 포함한 농경지가 전 국토의 28%를 차지하고 있다. 주요 농작물은 옥수수, 밀, 보리이다. 그 외에 포도·사과·올리브 등의 과일과 야채 등이 생산된다. 목축은 소, 돼지가 주종을 이루고 있다. 그밖에 닭과 말, 양을 사육한다.

슬로베니아는 발칸반도에서 산업화가 가장 먼저 시작되어 공업화가 이루어졌다.

수도인 류블랴나를 비롯해서 마리보르·트르지츠·크리니크 등에는 제철·기계·제지 등의 각종 공업이 발달해 있다. 주요 공산품은 시멘트, 철강, 알루미늄, 펄프, 모직물 등이다. 그밖에 포도주, 치즈, 자동차 등을 생산한다. 광공업은 석탄, 천연가스, 납과 아연을 생산하고 있다.

구 유고슬라비아 사회주의 연방 6개 공화국 중에서 가장 부유하고 공업화가 잘 된 선진지역이다. 한때 공업생산이 국민소득의 약 60%를 차지했다. 구 유고슬라비아 사회주의 연방 공화제의 해체로 원자재 공급원과 제품시장을 한때 상실했다. 그러나 구 사회주의 경제권에 속한 국가 중에서 가장 먼저 자본주의 시장경제체제로 전환했다. 1인당 국민소득은 중·동부유럽의 국가 중에서 비교적 상당히 높은 수준을 유지하고 있다.

3. 근대화의 역사적인 인물

슬로베니아는 인접 강대국에 의해 질곡의 시대를 견디며 짓눌려 살던 약소국이다. 이제는 산업화가 이뤄져 보다 잘 사는 유럽국 중 일부에 속한다.

- 이반 찬카르(Ivan Cankar, 1876~1918)는 슬로베니아의 소설가, 정치 연설가이며 유명한 현대 작가이다.

- 이바나 코발치(Ivana Koblica, 1870~1900)는 슬로베니아 문화 정체성의 핵심 인물이며, 현실주의, 사실주의 화가로 유명하다.

- 프란체 프레세렌(France Preseren, 1800~1849)는 슬로베니아의 대표적인 낭만파 시인, 국민 시인, 오스트리아 외세의 억압을 한탄하며 지은 애국 시 「축배」는 1989년 9월 국가로 제정되어 더욱 유명하다. 슬로베니아 언어와 문화에 많은 영향을 준 인물이다.

- 요제 플레치니크(Joze Piecnik, 1872~1957)는 슬로베니아의 유

명한 도시계획가 및 건축가이다.

4. 사랑스러운 도시, 류블랴나(Ljubljana)

슬로베니아는 세계인에 잘 알려지지 않은 보석 같은 관광지가 여러 곳에 숨어 있다.

류블랴나는 인구 27만여 명이 사는 전형적인 중세 문화가 살아 숨 쉬는 고대도시이다. 류블랴나는 슬라브어로 '사랑하는'이라는 뜻이라고 한다.

유럽의 변방 약소국으로 옛 유고슬라비아 연방으로 오랜 세월 인접 강대국의 지배를 받았다. 자의 반 타의 반 외세 개입에 휘말려 바람 잘 날이 없었고 수많은 전쟁을 치렀다. 여러 전쟁에 참전한 결과로 인명 살상과 건물 파손은 과거 쓰라린 역사가 이를 잘 보여주고 있다.

류블랴나는 류블랴니차 강을 중심으로 성곽 쪽이 구시가지이고, 그 반대편이 신시가지이다.

그림 같은 강변을 따라서 빨간 지붕에 아이보리 주택이 들어선 청결한 시가지에 울창한 숲을 이르고 있다. 지중해성 특유의 찬란한 햇볕이 비추는 평화스러운 도시이다.

류블랴나 중심인 프레 세렌 광장에 쭉 이어지는 고풍스러운 트리플 브릿지는 3개의 석교가 이어 붙어서 아름다움의 극치를 보여준다.

프레 세렌 광장 인접거리 고풍스러운 트리플 브리지 전경

 류블랴니차 강상에 유유히 떠다니는 유람선, 도심을 관통해 흐르는 제방 길을 따라 걸으면 고풍스러운 다리, 아름다운 건축물, 야외 카페, 물가에 앉아 강물을 바라보며 즐기는 데이트족까지 주위 경치와 잘 어울려 평온하고 사랑스러운 한 폭의 풍경화로 다가온다.

다리 난간에 사랑의 자물쇠가 주렁주렁 매달려 있다.

다리에 유별나게 사랑의 자물쇠가 주렁주렁 매달려 사랑의 도시를 대변하고 있다. 천진난만한 5살짜리 아기가 다리에 붙어서 자물쇠 꾸러미를 유심히 바라보고 있는 풍경이 이색적이다.

조금 도심으로 들어서면 잘 정돈되고 깨끗한 거리에 여러 종류의 조각상이 눈에 들어온다.

중심 광장에는 슬로베니아 국민시인 프레 세렌 청동상이 우뚝 서 있다.

그는 오스트리아 지배를 벗어나는 그 날을 그리며 애국 시 '축배'의 시로 유명하다. 그가 사망한 날을 공휴일로 지정할 정도로 그에 대한 국민의 사랑은 대단하다.

류블랴나 도시의 상징은 그리스 로마 신화에 나오는 용이란다. 날개 달린 용 조각상이 도로 중앙에 자리 잡고 위용을 자랑한다.

류블랴나 중앙시장은 노천시장과 재래시장이 함께 있다. 주로 야채, 과일, 향신료, 허브, 수제, 전통용품도 팔고 있다. 이른 시간에 문을 여닫는 관계로 오전 중에 참관해야 이곳 서민의 생활상, 재래시장의 진풍경, 삶의 현장을 돌아볼 수 있다.

우리는 류블랴나 시가지를 구경하고 다음 행선지로 이동하고 있다.

5. 신이 조각한 천연동굴 포스트이나(Postojna)

슬로베니아의 포스트이나 근처에 위치한 긴 카르스트 지형은 자연이 만들어낸 천연 석회암 동굴이다. 동굴 자원을 잘 개발해서 관광명소로 만들었다.

일반 관광객에게 공개하는 길이는 전체 24km 구간 중 5.3km에 지나지 않는다.

1818년 동굴 통로에 철로 쾌도를 설치하여 간이 전기 기관차를 운행하고 있다.

1884년부터 전기를 동굴에 인입해서 현재까지 사용하고 있다.

우리는 수많은 관광객이 일시에 밀려 들어와 잠시 포스트이나 동굴 입구 앞 대기 열에서 무료하게 입장 순서를 기다리고 있었다.

대기 열에서 바로 앞에 줄 서 있던 대전 아줌마가 갑자기 그 열 밖으로 나가더니 그 큰 웅덩이를 좌우로 심하게 흔들며 온몸으로 섹시한 황홀한 춤을 추고 있다.

대기 열에서 몇몇 친구와 이야기를 나누던 중에 너무나 현란한 춤을 추는 아줌마를 얼결에 보고서 하는 말이 걸작이다.

"아줌마! 노총각 앞에서 이런 요란한 춤을 추며 몸을 흔들면 총각 마음이 싱숭생숭해서 걷잡지 못해 동요가 일어요."하며,

"여기서 이러시면 총각 바람나요" 했다. 그랬더니

"아, 하, 하," 하고 호탕하게 웃으며

"바람나라지요."하며, "참, 아저씨, 재미있네요."하고 빤히 들여다 본다.

필자는 그 광경을 바라보고서 가슴이 철렁 내려앉는다.

웬 지 모르게 가슴에 동요가 잠시 일어 숨 고르기를 하며 혼란스러워했다. 이러한 분위기에 젖어 휩쓸리는 필자의 기분은 아직

도 쓸만한 청년 아닌가 생각했다.

그 아줌마는 아마도 여행에 피로가 누적되어 찌뿌드드한 몸을 풀려고 그렇게 요란을 피운 것 같았다. 그래도 주위에서 지켜보는 남성의 마음을 생각했어야지……

동굴 입구에 들어가는 순간 누가 옆에서 찰각하고 스냅 사진을 찍는다.

옆을 돌아서 보니 사진기를 들어 보이며 진열 판에 전시해 놓을 테니 나올 때 마음에 들면 6.5유로(큰판 사진, 한화 대략 1만 원 정도)를 내고서 찾아가란다.

알았다고 손짓을 하고서 동굴을 따라서 쭉 들어가 플랫폼에서 간이 전기차를 탔다.

음침한 동굴로 한참 깊숙이 이동하는데 우렁찬 괘도 소리와 센 바람 소리에 움찟 놀라 옷깃을 여미고 있는데 온 갖 소란스러운 소리가 주위를 산만하게 한다.

동굴 내 일반인에게 공개하는 관광용 쾌도를 따라서 이동하는 시간은 편도 대략 15분씩 왕복 총 30분이다. 내부 관광을 1시간 잡으면 총 1시간 30분이 소요된다.

안으로 들어가면서 가이드는 관광객을 한데 모아서 그룹화해 이동하기 시작한다.

안내자는 동굴 생성부터 요소요소에 자연이 빚어낸 여러 걸작품을 돌아가면서 보여주고 상세히 해설한다. 그 내용을 청취하면서 여기저기 색다른 장소를 돌고 있었다.

어둠침침한 동굴 내에는 곳곳에 기기묘묘한 삼라만상의 각종

천연동굴 포스트이나 기묘하게 생긴 바위 순

동물 형상, 인간 형상, 사물 형상 등 여러 형태의 조각 모형이 보는 각도, 방향에 따라서 천차만별이다. 때로는 동물 형상의 모습, 연인끼리 껴안고 키스하는 사람 형상, 두꺼비가 기어가는 형상, 닭이 알을 품고 있는 형상 등 이루 말로 형언할 수 없을 정도로 여러 가지 신기한 자연 조각상이 파노라마처럼 주위를 펼쳐 보인다.

동굴에 물이 가득 담긴 커다란 연못이 보이고 물이 흐르는 개천이 있는가 하면 크나큰 광장도 나온다. 일반 상식으로는 동굴에 개천과 광장이 존재한다는 사실이 도저히 믿어지지 않는다. 석순과 석주는 대략 50만여 년 전에서부터 5만여 년 전에 생겼다고 하며 석순은 10년에 0.1mm 정도 자란다고 한다. 러시안 브릿지(제1차 대전 시 러시아군 건축 아치)를 비롯한 흰색, 붉은색 여러 동식물 형상 석순이 제멋대로 자연스럽게 자라고 있다.

이 동굴은 세계에서 가장 큰 혈기 도룡농(Flunas Fish)이 서식하고 있단다. 수족관 밑바닥에서 미세하게 움직이는 실물을 전등으로 비추어 가며 설명한다.

천연 도룡용과에 속하는 생물은 길이가 30cm 정도 되며 1백 년 간 사는 특이한 살색의 휴먼 피시라고 한다.

멸종 위기에 있는 아주 희귀한 생물이라 특별히 보호하며, 미세하게 움직여 동굴에서 발견하기가 어렵다고 한다. 몇 마리를 수족관에 가두어 기르며 약간씩 움직이다가도 밑바닥에서 죽은 듯 움직이지 않는 휴먼 피시는 외부로부터 햇빛이 안 들어와도 음침한 깊은 동굴에서 서식하고 있다는 사실이 믿어지지 않았다.

6. 천하제일의 명소, 블레드(Bled) 호수

슬로베니아 수도 류블랴나에서 블레드까지 차로 40여 분 정도 걸리며 도로 주변의 산세가 높고 아름다워서 만년설이 뒤덮인 산악지역을 통과하는 여행은 나름대로 색다른 구경거리가 되었다

블레드 호수는 줄리앙 알프스의 진주 트리글라브(2,864m) 국립공원에 위치한 아름다운 천혜의 호수이며 알프스 산맥의 동쪽 끝에 위치하고 있다.

이곳 최고 높이의 트리글라브(Triglav) 산의 3개 봉우리는 국기에 담길 정도로 국민이 성스럽게 여기는 신성한 산봉우리이다. 이 호수를 중심으로 아름다운 자연경관과 빼어난 경치에 매료되어 각국 정상이 이곳에서 자주 머물렀다고 한다..

블레드 호수 주변의 경관을 잠시 좌우로 돌아가면서 자세히 흘어 보았다.

우측에는 회색빛 검은 석회암 절벽 위에 까치집처럼 블레드 성이 우뚝 솟아있다. 좌측은 호수 가장자리까지 닿는 낮은 산이 울창한 산림으로 둘러싸고 있다. 바로 앞 호수 저 너머서는 높은 산이 겹겹이 병풍을 휘둘러 치듯 큰 산맥이 감고 내려와 블레드 성 바위 바로 아래까지 연결되어 있다. 정면에는 찬란하게 반짝이며 눈부신 은빛 물결이 춤을 추듯 출렁이는 드넓은 호수가 눈앞에 확 펼쳐져 아른거린다.

호수는 오랜 세월 빙하침식작용으로 대략 길이 2.8km, 폭 1.7km에 수심이 30~50m 정도 되는 크지도 작지도 않은 아기자기한 규모이다.

멀리서 바라보면 호수 중앙에는 한강의 선유도만 한 크기의 아름다운 섬이 울창한 수풀에 둘러싸여서 살며시 얼굴을 내밀고 있다. 섬 중앙은 울창한 수목 위에 성모 마리아 승천 성당의 지붕과 첨탑이 하늘 높이 우뚝 솟아있다.

우리는 플레타나(Pletana) 나룻배 2척에 각 16명씩 나눠 타고서 맑고 푸르른 잔잔한 호수를 가로질러 섬을 향하여 서서히 움직이고 있다.

호수 주변의 아름다운 풍광이 한눈에 들어오고 배 꽁무니 조금 높은 갑판 위에서 사공이 좌우로 노를 저을 때마다 잔잔한 물결이 배 뒤편 양쪽으로 굴곡을 지으며 길게 퍼져 나간다. 철썩철썩하는 물소리, 삐걱삐걱하는 노 젓는 소리, 와자지껄 떠드는 소리, 물새 우는 소리가 한데 어울려 천상의 하모니를 이루어 아름다운 오케스트라 향연을 연출하고 있다.

불레드 호수 전경

 우리는 나룻배에 중심을 잡으려고 양편 가장자리에 나누어 앉아서 시원하고 푸르른 맑은 물을 손바닥으로 촉감을 느껴 보기도 하고 떠서 청결여부를 살펴보기도 했다. 깊은 물속에서 움직이는 고기떼를 추적해 보기도 하며 주변의 아름다운 경치에 푹 빠져들었다.

 그때 일행 중 한 사람이

 "야 저것 봐!, 작은 아기만 한 물고기가 서서히 움직이고 있어," 하는 말에 "모두가 어디야?" 하며 일시에 일어나는 순간에 배가 한쪽으로 기울어져 하마터면 큰 사고가 날 뻔했다.

 잠시 어수선한 분위기에서 안정을 되찾은 배는 물길을 따라서 서서히 나아가며 주위를 하나하나 세밀하게 살피면서 가고 있다.

 노 젓는 한 사공은 얼마나 뚱뚱하고 힘이 센지 호수 횡단 길이 대략 2㎞쯤 되는 거리를 쉬지 않고 단숨에 내달려서 호수 가운데 작은 블레드 섬의 선착장에 도착했다.

잘 정돈된 선착장 주위는 청결하며 조금씩 높아지는 지형을 따라서 휘어져 만든 99계단을 오르고 있다. 계단 양옆에는 수려하게 만발한 꽃들이 쭉 이어져 입구부터 벌써 별천지가 전개되는 기분이 들었다. 계속 계단을 따라서 올라가면 섬 한가운데에 8세기경부터 자리 잡고 있는 고풍스러운 성모 마리아 승천 성당이 엄숙한 자태로 눈앞에 다가온다.

성당 입구 좌측 문 위에 예수님의 조각상이 걸려 있다. 문틀에 깨끗이 회색을 입혀도 낡게 빛바랜 벽면이 세월의 무상함을 잘 보여주고 있다.

섬 주위에는 무성하고 울창한 푸르른 나무가 빼곡히 들어차 있다. 아름답게 잘 가꾸어진 정원에는 성인의 조각상과 정원수를 비롯한 여러 종류의 화사한 꽃들이 활짝 피어 있다. 울긋불긋 무지개 색깔을 칠한 듯 흩뿌려져 주변을 아름답게 꽃단장하고 있다.

주위를 둘러보고 성당 안 종 치는 장소에 들어서니 많은 사람이 대기하고 있다.

성당 중심에 화려한 성모 마리아 조각상이 있고 바로 앞바닥 한가운데 종 치는 밧줄이 천장에서 길게 쭉 내려와 있다. 그 뒤쪽에 예배 보는 여러 개의 긴 나무 의자가 놓여 있고 손님이 앉아서 앞을 바라보고 있다.

블레드 호수

성광웅

만년설이 뒤덮인 알프스 산성
그 이름도 거룩한 줄리아 알프스 진주
트리글라브의 신성한 산봉우리가 가슴에 와 닿네.

호수 둘레 우뚝 솟은 회색빛 검은 석회암
그 위에 구축한 고성 블레드 성은
산이 겹겹이 병풍 치듯 평화스러운 고장

눈부신 은빛 물결이 춤추듯 출렁이며
눈앞에 다가오는 블레드 호수는
중앙에 한강의 선유도만 한 크기의
성모 마리아 승천 성당 첨탑이 우뚝 솟아
아름다운 풍경화를 그리고

높은 산 만년설에 뒤덮인 산봉우리와
햇살에 찬란히 번쩍이는 잔잔한 푸른 호수
세월의 무게에 겹겹이 쌓인 태곳적 전설이
주저리주저리 전해 내려오는 곳

세상에 제일가는 절경에 감동되어

감탄사를 연발하고 환호성을 지른다.
아! 신이 빚은 절경, 블레드 호수는
천상의 걸작이로구나!

'행복의 종'을 3번 치면 평소 간직한 소원이나 사랑이 이루어진다는 전설이 내려와 모두 다 꼭 참석하는 필수 코스이다.
결혼식을 마친 신혼부부와 하객이 많이 찾으며 대부분 사람이 종을 치는 순간용만 쓰지 종소리가 나지 않는 경우가 많았다.
종이 잘 안 쳐지니까 아예 종 줄에 대롱대롱 매달려 소원을 비는 사람도 보인다.
그 광경을 바라보는 주위 동료들은 안쓰러워서 조금만 더 힘을 쓰라고 격려하고 종 치는 요령까지 큰소리로 알려 주고 있다.
우리 부부는 어렵게 세 번 타종하고서 몸을 가다듬고 우시 대며 무대에서 나왔다. 성당 밖으로 나온 우리 부부는 호수 주위의 자연경관을 좀 더 구경하려고 정원을 거닐었다. 푸르고 드넓은 호수에 유유히 움직이는 유람선이 보이고 한가로이 떠도는 하얀 돛단배에 동료, 가족, 연인과 함께 뱃놀이를 즐기는 광경이 눈에 들어온다.
호수 주위 도로에 오가는 사람이 많고 캠핑장, 수영장, 놀이터도 보인다.
우리는 섬 주위 경치, 물 위에 떠도는 여러 종류의 새, 성당의 종 치는 행사, 잘 가꾼 정원과 활짝 핀 여러 가지 꽃, 기념품 판매하는 전문점을 둘러보았다.

저마다 아름다운 추억을 한 아름씩 가슴에 안고서 플레타나 나룻배를 타고 처음에 출발했던 선착장에 되돌아 나왔다.

선착장 어귀에는 여러 가지 기념품을 판매하는 전문점이 길을 따라서 들어서 있다. 커다란 널빤지에 각종 인형을 쭉 펼쳐놓고 파는 노점상 거리에는 관광객이 오간다. 노점에 모여들어 상품을 고르고 흥정하는 모습이 재미있게 비친다.

우리는 이 거리를 지나서 버스를 타고 울창한 숲 속 산 중간지점 주차장에 내렸다. 그리고 소로를 따라서 언덕 위의 블레드 성을 향하여 올라갔다.

허름한 성문은 오랜 비바람에 시달려서 검게 퇴색되어 있다. 높이 쌓아 올린 낡은 성벽은 희고 검게 바래서 모진 세월을 견뎌온 역사를 설명하고 있다.

블레드 성은 12세기경에 완공된 유서 깊은 오래된 성이다.

커다란 바위가 우뚝 솟아올라 높이가 대략 100m가 돼 보인다. 깎아서 지른 듯한 석회암 위의 평평한 바위 지반을 최대한 이용해서 대략 3천여 평정도 규모로 구축한 작은 고성이다.

옛날부터 왕족의 별장 겸 군사요충지로서 사방을 조망하는 전망대가 있다. 사주방어와 경계하는 아주 주요한 길목에 위치한 전략적인 거점이라고 한다.

수 세기 동안 견고히 자리 잡고 있는 고성은 현재 박물관으로 운영하고 있다. 세계 여러 나라의 관광객이 반드시 들리는 유명한 관광지 명소라고 한다.

박물관에는 고대 역사가 태동하던 시기부터 이 지역 주민이 이

석회암 위에 우뚝 솟은 블레드 성

주해서 살았던 시대별 생활상과 발전상을 잘 보여주는 그림과 그 시대별 여러 생활 도구와 함께 실물이 전시되어 있다. 문명의 변천사를 한눈에 알아볼 수 있는 좋은 역사박물관이다.

블레드 고성에서 내려다본 아름답고 푸르른 옥색의 호수는 정면이 조금 길고 예쁘게 생긴 타원형에 속한다. 가운데 섬 안에는 울창한 숲에 가려진 성당 지붕과 첨탑이 물 위에 떠 있는 그림자처럼 보인다. 가까이 바로 좌측 아래는 호수로 접근하는 큰 도로가 잘 발달하여 있다. 웬만한 읍 규모의 시가지는 호화로운 호텔, 아름다운 펜션, 잘 정돈된 예쁜 별장. 전통 음식점, 관공서, 회관 건물 그리고 교회, 성당이 오밀조밀하게 빽빽이 들어차 있다.

저 멀리 호수 둘레에 좋은 위치에 자리 잡은 그림 같은 별장, 펜션이 울창한 숲속에 가려져 있다. 호수 주변에는 낮고 높은 산이 중첩되어 겹겹이 더 높고 검푸르게 둘러싸고 있다. 확 터진 넓은 평야에 조개 딱지처럼 다닥다닥 붙어 군데군데 집들이 모여 있는 농촌 마을이 한 손에 잡힐 듯 말듯 희미하게 눈앞에 아른거린다.

저 멀리 비교적 높고 험악한 산 정상에 엷은 안개가 산봉우리를 뒤덮고 간간이 안개 사이에 보이는 희끗희끗 쌓인 눈이 녹아 흰 물줄기가 계곡을 타고 내려와 장관을 이루고 있다. 하늘은 맑고 파라며 흰 구름이 간간이 어디론가 흘러가고 있다.

비교적 높은 위치에 구축된 고성의 전망대에서 주변의 풍광을 하나도 놓치지 않고 샅샅이 둘러보고 마지막에 느낀 감정은 이 모든 자연환경이 천하절경을 이루는 한 폭의 아름다운 풍경화로 다가왔다.

아마도 하늘이 만들어낸 천혜의 자연경관을 걸 작품이라고 부르는가 보다.

7. 아름다운 풍광이 깃든 알프스 산맥(Alps)

우리는 고속도로를 따라서 계속 위쪽 방향 알프스 산맥이 주류를 이르는 지역으로 거슬러 올라가고 있다.

거대하고 웅장한 알프스 산맥에서 여러 갈래르 뻗어 나가는 산맥 지류는 거의 비슷한 자연환경을 이루고 있다. 알프스 산맥의 지류인 율리안의 자연경관은 더 크고 웅장해 보이며 높은 산에는 곳곳에 만년설이 쌓여 있다. 햇빛이 잘 드는 지역은 검누런 잔디를 비롯한 황갈색의 수풀이 뒤덮여있다. 빙하와 눈이 녹아내리는 물은 하얀 비단결을 타고서 천야만야한 계곡으로 낙하하듯 떨어지는 장관은 신비하고 경이로워 보였다. 높은 산의 깊은 계곡 사이에 흐르는 냇물이 강물을 이루어 가득히 차서 흐르고 있다. 아래 좁다란 평지를 따라서 계속 이어지고 시원스럽게 잘 뚫린 고속도로는 오가는 차량이 분주히 움직이고 있다.

슬로베니아 블레드 성에서 오스트리아 비엔나 공항 호텔까지 버스로 이동하며 자연경관을 구경하고 있다.

슬로베니아 율리안 알프스 산맥 지류에 대략 8km 되는 터널을 통과하는 데 8분이 소요된다. 세계에서 제일 긴 동굴은 스위스에서 밀라노까지 뚫려 있는 17km 되는 터널이다. 이것에 비교하면 더 짧다고 생각하지만, 이 터널도 무시할 수 없을 정도로 긴 터널이다.

고속도로변 휴게소에 들려서 잠깐 쉬어서 가기로 했다.

간이 마트에 들려서 진열장에 전시해 놓은 기념품을 구경하고 필요한 음료수와 간식거리를 구입해서 휴게소 경내를 구경삼아 주위를 걷고 있다.

가족과 함께 여행 온 아이들이 휴게소 뒤뜰 아름다운 꽃나무 주위에서 열매를 따려고 채를 들고서 휘 저며 이리저리 뛰어다닌다. 천진난만하게 노는 모습과 명랑한 웃음소리가 주위 분위기를 화사하고 밝게 만들고 있다.

필자는 뒤뜰에서 나와 넓은 주차장 쪽으로 가며 그곳에서 서성이는 친구를 만나 이야기하려고 걸어가고 있다.

한적한 모퉁이에서 서성이는 버스기사는 '스트레스 스트레스'라고 혼자 말하면서 여기저기 왔다 갔다 한다. 그는 줄담배를 피우며 얼굴이 울긋불긋 기분 나쁜 표정을 지으며 화를 풀고 있는 장면이 목격되었다.

만년설이 희끗희끗한 알프스 산

 필자는 버스기사가 스트레스를 받아서 여행객에게 본의 아니게 불상사가 생길까 봐 기사를 마주칠 때마다 "뎃꾸유" "뎃꾸유"를 연발했다. 이 말은 유고 말로 '감사합니다', '고맙습니다'라는 뜻이다. 그동안 안전하게 버스를 운행한 고마움에 대한 마음속의 깊은 감사 표시이었다.

 우리가 보기에는 가이드가 버스기사와 버스 운행업무를 협의해서 순리대로 잘 처리해야 하나, 제 뜻대로 안 되면 성질을 내곤 한다. 그러니 운전기사가 스트레스를 안 받겠나 싶었고 그러한 서로의 상황을 감지한 여행객이 외래 버스기사의 눈치를 보는 이상한 분위기가 생겨서 모두 조심스러워하고 있었다.

 그래도 분이 덜 풀렸는지는 몰라도 차분하게 운전을 해 주어서 마음속으로 고마웠다.

우리는 이동 중에 'Sound of Music' 영화를 계속 감상하면서 창문을 통해서 이국의 정취도 보고 있다. 또 몇몇 사람은 의자에 등을 기대고 뉘어 푹 쉬면서 눈을 감고 잠을 청하기도 한다. 그런데 버스에 달려 있는 안내방송용 마이크가 수시로 작동이 잘 안 되고 때로 잡소리가 들린다. 버스기사는 쉬는 시간에 전파사에 가서 짬짬이 손보고 수리도 한 것 같은데 아직도 제대로 성능을 발휘하지 못하고 있다.

버스 운행 중에 관광객에게 불편이 있을까 봐 가이드와 버스기사 간에 짜증 섞인 다툼이 있었던 것 같았다. 그러나 영화를 청취하는 데는 그렇게 지장이 없었다.

필자는 영화를 보면서 차창 밖에 펼쳐지는 아름다운 이국 경치를 번갈아 구경하면서 졸리는 눈을 참고 견디었다.

영화 내용은 제2차 세계대전 시 나치 독일 치하에서 스위스에서 활동하는 비밀 경찰관(게슈타포)이 오스트리아 해군 대령 트랩(본명 크리스토퍼 플러머)을 전쟁터에 끌고 가려고 설쳐대는 영상이 나온다.

도망가려는 낌새를 알아차린 비밀경찰이 집 주위를 포위하며 점점 수사망을 좁혀 들어오고 있다. 위기 상황을 눈치 챈 대령 트랩의 지혜와 기지로 위험을 무릅쓰고 탈출하는 영화 장면이 손에 땀을 쥐게 한다. 그 당시 전쟁 공포 분위기에 흠뻑 젖어들어 긴장감에 모두 가슴을 조이는 상황이었다. 그들 가족은 무사히 탈출해서 성공하는 영화 장면이 클로즈업된다. 그 무렵 우리 일행은 계속 오스트리아 국제 관문 비엔나로 향하고 있다.

8. 세계의 관문, 비엔나(Vienna)국제공항

우리는 이제 동유럽 여행을 마무리하는 마지막 날이다.

그동안 여러 나라의 유명한 고적과 관광지를 무리 없이 잘 구경하게 된 것을 고맙게 생각하며 도움을 준 동행 여행자와 버스기사에게 감사드린다.

이제 명일 비엔나 국제공항에서 한국 인천 국제공항으로 출발한다. 건강한 몸으로 귀국하게 되어 몸과 마음이 한층 더 가볍게 느껴지고 기분이 좋았다.

모 호텔에서 잘 자고 다음 날 아침 일찍 일어나 이동 준비를 마쳤다. 각자 짐을 챙겨서 버스를 타고 공항까지 거리와 항공 탑승 수속 시간을 고려해서 출발했다.

버스기사는 공항지점 10km를 남겨두고 휴게소 주차장에서 한없이 우리 일행을 마냥 서 있게 만들었다.

여행객 중 정씨가 기사에게 다가가 왜, 버스가 안 움직이느냐고 물으면 거리가 얼마 남지 않았고 시간이 충분하다며 걱정하지 말라고 한다.

필자도 처음에는 시간이 충분해서 저렇겠지 하고 마음을 느슨하게 먹었으나 항공 탑승 수속 시간까지 계산하면 지금 남은 시간은 그리 충분한 시간이 아니었다.

중간 휴게소에서 쉬는 시간도 이제 어느 정도지 공항에 도착해서 쉬는 것은 괜찮으나 여기서 무한정 지체하는 것은 문제가 있다고 생각하고 서둘러 출발할 것을 기사에게 재촉했다.

필자가 보기에도 버스가 서둘러 가야 하는데 이러고 여기에 머물러 시간을 보내는 것을 보니 좀 안타까웠다. 출국시간이 12시면 적어도 3시간 전에 공항에 도착해야 면세점에서 구입한 물품에 대한 세금 환불을 받고 출국 수속도 밟아야 한다.

지금 시간이 9시 38분이면 도착해서 서둘러 일 처리를 해야 하는 시간이다. 모두 마음이 초조하고 급해져서 어찌할 바를 모르는 것 같아 보였다.

여행객이 합세해서 버스기사를 달래고 재촉해서 공항 주차장에 도착했다.

이번에는 기사가 버스 짐칸 문을 열어주지 않는 예상치 못한 황당한 일이 또 벌어졌다. 이유인즉 버스 임차료를 전부 지불 안 했다고 말하며 빨리 지불해야 버스 짐칸 문을 열어 준다고 한다.

그동안 해외 여러 나라를 여행해 봤지만, 여행 중 이런 일은 처음 당한다.

가이드에게 물으니 자기하고는 상관이 없고 현지 대리점에서 버스 회사와 임차계약을 할시 여행객을 태우기 위해서 현장에 버스가 도착하면 버스 전체 임차료의 반을 지불하고 여행이 끝나면 나머지 반을 완불하기로 되어 있단다.

그런데 그 대리점에서 버스 임차료 지불을 아직 안 하고 있다고 말하며 자기는 지금 본사 연락 외에는 별도로 어떻게 처리할 수가 없단다.

필자는 가이드의 말에 동의한다.

여행 중 생각지도 않던 별의별 사건·사고가 발생 시 "예"를 들어

버스가 운행 중에 사고나 고장으로 다른 버스로 교체해야 하는 상항 등이 발생하는 경우는 안전하게 무사히 여행 목적지에 도착한 다음 버스 임차료를 지불하는 것이 맞다고 생각한다. 모든 여행대리점에서 그런 임차계약에 의해서 업무가 처리되리라 믿고 있다.

그런데 필자는 버스기사와 가이드에게

"여러 번 해외여행을 해봐도 이런 불상사가 발생하지 않았다고" 말하며 버스기사에게 "어서 빨리 짐칸 문을 열어주시오"라고 정중히 말하며 시간이 없다고 재촉했다.

그래도 말을 안 들어주어서 버스 앞면에 서 있는 여행객을 다른 곳으로 이동시키고 나의 디지털카메라로 차량 번호가 달린 차 앞면과 회사 소속 전화번호가 기록되어 있는 측면을 촬영했다. 그랬더니 일이 심상찮게 돌아가는 상황을 감지한 버스기사는 그제 서야 짐칸 문을 열어 주었다.

그 가이드는 성질이 괴팍스러워서 그런지는 몰라도 여행 기간 내내 버스기사와 다투며 자기 위주로 여행을 강행하면서 서로 의견 충돌을 일으킨 것이 화근이 된 것 같았다. 그 버스기사는 버스 임차료 문제를 제기해서 그동안 가이드로부터 당한 분풀이로 공항 터미널에 지연 도착시켜서 애를 먹이려 했던 것 같았다.

우리는 장시간 버스 안전운행에 대한 기사의 수고와 고마움에 대하여 수시로 감사 표시를 했다. 가이드에게는 버스 운행 시 편리한 시간에 여행객들 간 각자 소개 시간을 달라고 부탁했다. 서로 친할 수 있는 기회를 달라고 부탁했으나 가이드는 듣는 둥 마는 둥 그냥 지나쳐서 여행 기간 내내 서먹서먹한 분위기를 연출했다.

세상에 해외여행을 여러 번 다녀 보아도 이렇게 버스기사와 다 투어 문제를 일으키는 가이드는 처음 보았다.

세계 각국의 여행자로 분비는 비엔나 국제공항은 발 디딜 틈도 없이 복잡하다. 우리는 탑승 수속 시간이 촉박해서 각자 자기 짐을 챙길 틈도 없이 서둘러 공항 주차장에서 빠져나와 재빨리 무리지어서 항공권 발급 데스크로 달려가 대기하며 가쁜 숨을 몰아쉬고 가슴을 쓸어내리며 진정시키고 있었다.

공항 내에는 너무나 많은 탑승자가 대기 열에서 장사진을 이루고 있다.

업무처리 시간을 단축하기 위해서 필자는 비행기 탑승권 발급과 짐 탁송 업무 수속 관계로 대기 열에 서서 기다렸다. 아내는 기념품 몇 개 구입한 유로화의 면세환급을 받기 위해서 동료 여행자와 함께 공항 세관으로 갔다. 모든 항공 수속을 마치고 바로 아내가 대기하고 있는 장소로 이동해서 업무를 도왔다.

오스트리아 면세점에서 75유로 이상 상품 구매 시 공항 세관에 구매 서류 면세 용지와 여권번호를 제시하면 구매가격의 10% 면세로 유로화 또는 달러화로 환급해 준다. 오스트리아의 이름 있는 상품 중에 크리스털 스와로 부스키 제품이 유명하다. 스와로 부스키는 원래 체코 사람이다. 그는 경쟁자를 피해서 오스트리아로 이민 와서 대성공을 거든 크리스털 전문 제조업자라고 한다.

스와로 브스키는 작고 귀여운 주얼리, 크리스털 제품부터 패션 의류에 이르기 까지 10만 여종 이상의 다양한 제품을 생산한다. 그 제품은 스와르 부스키 상표를 붙여서 전 세계에 팔려나간다.

특히 창의성과 다양성은 타제품이 감히 따라오지 못할 정도로 신개념의 아이디어와 차별화로 새로운 제품을 개발해서 판매한다.

유로 화 또는 달라 화로 환급해 준다고 한다. 유로로 받을 경우는 최종 환급금액에 교환수수료를 제외하고 나머지 환급금을 준다고 해서 한국에서 쓰기 편한 달러화로 대체 수령했다.

우리는 모든 항공 수속 업무를 제 빨리 마치고 비행기 탑승구 쪽으로 서둘러 몰려갔다. 버스기사와 다투며 소중한 시간을 많이 보내서 하마터면 비행기 탑승에 문제가 생길 수도 있었다고 생각하니 어안이 벙벙하다.

'세상에 이런 예상치 않은 일이 일어나는구나' 하며 한참 생각에 잠겨보았다.

그래서 여행 전 과정을 상황별로 분석 검토해 보니 '가이드의 불성실한 업무처리가 여행자에게 예상치도 않은 큰 피해를 줄 수도 있다'고 생각하니 어처구니없는 일이 벌어질 수도 있겠구나 하고 생각해 보았다.

이 사건은 누구의 잘못으로 이런 불상사가 발생했는가를 심층 분석해서 차후에는 이러한 일이 일어나지 않도록 관계 여행사에 알려 주어야 하지 않나 생각이 들었다. 여행객을 볼모로 이런 불상사가 일어나면 이유야 어떻든 간에 외국 낯선 곳에서 예상치도 못한 피해를 보게 되어서 절대로 있을 수 없는 일이라고 생각한다.

Ⅶ. 에필로그

　유럽의 여러 나라는 그 나라마다 특색 있는 문화와 예술, 유적이 있지만 이탈리아의 고대 로마와 유적을 빼놓을 수가 없다. 찬란한 고대 문명과 유적에서 화려한 르네상스의 저명한 화가 레오나르도 다빈치, 미켈란젤로 외 다수의 작품을 감상할 수가 있다. 오페라를 비롯한 세계 3대 테너 성악가 루치아노 파바로티의 음악세계의 향수에 젖어들어도 좋다. 나폴리 칸초네를 대표하는 '오 솔레 미오'는 늘 만인의 심금을 울린다.

　세상을 아름답게 수놓는 화려한 패션과 첨단 명품, 대중을 열광시키는 축구, 각종 스포츠 그리고 세계 가톨릭의 본산인 바티칸 교황청, 이탈리아만의 특유한 음식문화, 세계적으로 잘 알려진 피자, 파스타 등과 지중해 연안의 강렬한 햇살은 세계인을 관심을 매료시킨다.

　또 중세기 유럽을 호령하던 오스트리아가 근세 들어 영세중립국으로 전락한 역사적 사실과 1천여 년 전에 아세아 우랄 알타이 산맥 목초지에서 서쪽으로 밀고 들어가 유럽의 요지를 차지한 헝가리를 비롯한 크로아티아, 슬로베니아 등은 유럽 강대국의 틈바구니에 끼어서 끈질기게 살아남은 약소국의 피나는 노력과 처절한 역사의 뒤안길을 되돌아보면서 그 나라의 고유한 전통, 문화 예술을 보존하고 있는 실상을 체험한 값진 여행이었다.